ENCYCLOPÉDIE-RORET.

NOUVEAU MANUEL

DE LA

BONNE COMPAGNIE.

AVIS.

Le mérite des ouvrages de l'*Encyclopédie-Roret* leur a valu les honneurs de la traduction, de l'imitation et de la contrefaçon. Pour distinguer ce volume, il portera, à l'avenir, la *véritable* signature de l'éditeur.

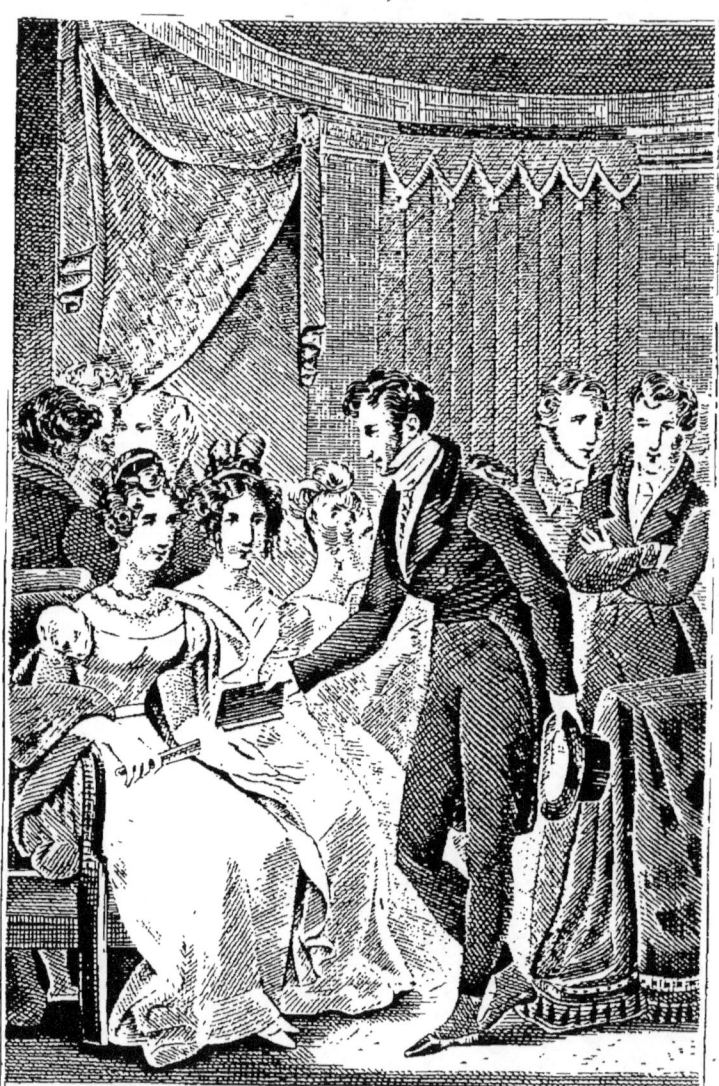

Daignez en agréer l'hommage.

MANUELS-RORET.

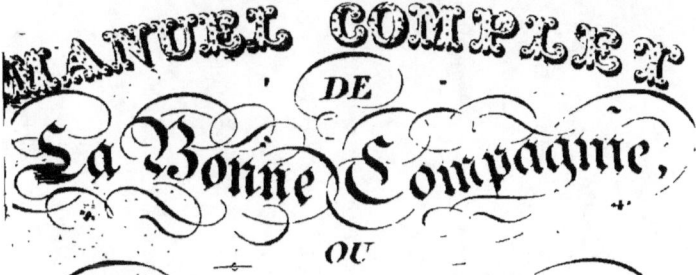
NOUVEAU
MANUEL COMPLET
DE
La Bonne Compagnie,
OU
GUIDE DE LA POLITESSE,
ET DE LA BIENSÉANCE

Dédié à la Société Française

et à la Jeunesse des deux Sexes.

NOUVELLE ÉDITION.

Augmentée et entièrement refondue

Par Mme Celnart.

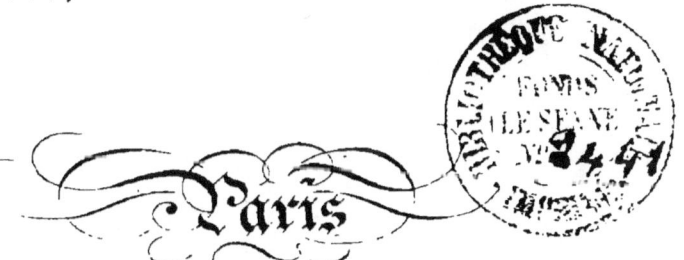
Paris

RORET Libraire, Rue Hautefeuille N.° 10 bis.
au coin de celle du Battoir.

LYON, PERISSE Frères.
1839.

AVANT-PROPOS.

Nous ne chercherons point à faire sentir l'utilité d'un Manuel sur la politesse en général, mais l'utilité particulière de celui-ci ; et sans nous attacher à dire combien il est indispensable de mettre entre les mains de la jeunesse un livre destiné à la familiariser avec le bon ton, nous allons expliquer comment notre ouvrage nous paraît devoir remplir ce but.

Le *Manuel de la bonne compagnie*, dont nous revisons aujourd'hui une nouvelle édition, recommandable quant au fond, était extrêmement défectueux quant à la forme. Un manque absolu de méthode, la pratique presque toujours sacrifiée à d'interminables sentences, de très fréquentes omissions dans les parties les plus essentielles, tels étaient les défauts que nous nous sommes efforcés de réparer.

Pour y réussir, nous avons divisé le sujet en quatre parties principales :

La première traite de la bienséance relative aux devoirs de la morale : elle comprend les convenances de religion, de famille, d'état, et ce que l'on doit à soi-même.

La seconde partie a pour objet la bienséance considérée sous le rapport des relations sociales. Elle montre comment la politesse règle toutes nos communications, visites, entretiens, lettres, etc.

Les devoirs de bienséance, relatifs aux plaisirs sont compris dans la troisième partie. Tous les usages reçus pour les jeux, promenades, repas, assemblées, bals et spectacles y sont décrits soigneusement.

Enfin, dans la quatrième partie sont renfermés les renseignemens de la politesse relative aux divers évènemens de la vie, tels que mariages, baptêmes, enterremens, etc.

Ce plan nous semble heureux, l'exécution très soignée. Puisse le public justifier, par son indulgence, les prévisions ou peut-être les illusions de l'auteur.

MANUEL COMPLET

DE LA

BONNE COMPAGNIE,

OU

GUIDE DE LA POLITESSE
ET DE LA BIENSÉANCE.

PREMIÈRE PARTIE.

INTRODUCTION.

DE LA BIENSÉANCE ET DE SES AVANTAGES.

La bienséance est le mélange heureux de la morale et de la grâce : elle doit être considérée sous ce double point de vue, et présider par conséquent à nos plus importans devoirs comme à nos plus frivoles plaisirs. Lorsqu'on l'envisage uniquement sous ce dernier rapport, l'on prétend que le seul usage du monde inspire l'habitude et le goût de ces formes modestes et bienveillantes qui constituent la véritable politesse ; c'est une erreur. La bienséance, ou le *bien qui sied* (car telle est la signification de ce mot) est le fruit précieux de la connaissance de soi-même, du respect des droits d'autrui; c'est le sentiment des sacrifices imposés à l'amour-propre par les relations sociales ; c'est enfin un besoin pieux de concorde et d'affection. Mais l'usage du monde n'est que le vernis, ou plutôt que la parodie de la bienséance, puisqu'au lieu de s'appuyer comme elle sur la sincérité, la modestie, l'obligeance, il consiste à ne s'apesantir sur rien, à se jouer également de ses sentimens, de ses ridicules, des défauts et des vertus d'autrui, pourvu que l'on plaisante avec grâce, et qu'on n'aille jamais assez loin pour blesser l'amour-propre de personne. Grâce à l'usage, il suffit, pour être reconnu aimable, que celui à qui s'adresse une mauvaise plaisanterie puisse en rire autant que celui qui la fait. L'usage du monde n'est donc souvent qu'un adroit calcul de la vanité ;

qu'un jeu futil de l'esprit, qu'une observance superficielle des formes, fausse bienséance qui conduirait à la frivolité ou à la perfidie, si la bienséance véritable ne l'animait de délicatesse, de réserve et de bienveillance. Oh! si jamais l'usage du monde n'eût été séparé de cette vertueuse amabilité, jamais on n'aurait vu les gens simples et bons se défier de la politesse, et, victimes d'un trompeur, dire avec raison d'un ton plein d'amertume : *C'est un homme poli ;* jamais on n'aurait distingué des convenances les principes éternels de la vertu! L'amour du bien, la vertu en un mot, est donc l'âme de la politesse : le sentiment d'une juste harmonie entre nos intérêts, nos rapports sociaux est encore indispensable à cette agréable qualité. L'excessif enjouement, la joie délirante, les grandes peines, la colère, l'amour, la jalousie, l'avarice, et généralement toutes les passions sont l'écueil trop ordinaire de la bienséance. La mesure en toutes choses lui est tellement nécessaire, que c'est une faute contre la bienséance que de mettre trop d'affectation à l'observer.

C'est à la bienséance, à ses égards équitables et gracieux, que l'on doit tout le charme, j'ai presque dit la possibilité de vivre en société. Effet et cause de la civilisation, elle s'empare du grand mobile de l'esprit humain, l'amour de soi, le désir de plaire, pour le purifier, l'ennoblir ; pour substituer à l'orgueil, à tous les sentimens égoïstes ou haineux qu'il enfante, la bienveillance avec tous les sentimens aimables et généreux qu'elle inspire. Dans une réunion de gens vraiment polis, le mal semble ignoré : le juste, le beau, le bon, sous le titre de *convenable*, se font sentir de toutes parts ; les actions, les manières, le langage les manifestent également. Aussi, transportez dans cette assemblée d'élite, une personne étrangère aux bienfaits d'une belle éducation, elle en sentira tout-à-coup le prix et voudra immédiatement reproduire en elle, autour d'elle, l'urbanité qui l'a séduite.

Si la politesse est nécessaire en général, elle n'est pas moins indispensable en particulier. Rang, fortune, talens, beauté, rien ne dispense de l'aménité : rien ne peut inspirer la considération ni l'amour sans cette affabilité gracieuse, cette dignité douce, cette élégante simplicité qui rendent le titre de *Français* synonyme du mot *aimable*, et font chérir Paris à tout ce qui a de l'esprit et du goût. Si tout le monde sent la vérité de ce vers devenu proverbe,

Cette grâce plus belle encor que la beauté,

chacun sent aussi que la grâce mise à rendre service touche plus que le service même, et qu'un bienveillant sourire, un ton affectueux, pénètre mieux le cœur que la plus brillante élocution.

Quant à la partie technique de la politesse, aux choses purement de forme, l'habitude de la société, de salutaires conseils, sont utiles sans doute; mais le grand secret pour ne pas manquer aux règles de la bienséance, c'est d'avoir toujours l'intention de bien faire. Dans une telle disposition d'esprit, l'exactitude à pratiquer les convenances paraît à tous pleine de charme et de pouvoir; et non seulement alors les fautes sont excusables, mais elles sont souvent touchantes par l'abandon et la naïveté. Comme saint Augustin, qui se bornait à dire : *Aimez Dieu, et faites ensuite ce que vous voudrez*, nous répéterons aux jeunes débutans dans le monde : Soyez modestes, bienveillans et ne vous inquiétez pas des erreurs de votre inexpérience ; un peu d'attention, les conseils d'un ami auront bientôt rectifié ces légères erreurs. Cet ami, je veux l'être. En me chargeant de revoir, de refondre presque entièrement le *Manuel de la bonne compagnie*, j'ai désiré vous être utile, j'en ai pris l'engagement. Une distribution plus méthodique de l'ouvrage, des détails plus positifs et plus variés, enfin d'importantes applications pour tous les états, pour toutes les circonstances de la vie, achèveront, j'ose le croire, de rendre ce traité de la bienséance digne de sa destination.

CHAPITRE PREMIER.

DE LA BIENSÉANCE RELATIVE AUX DEVOIRS DE RELIGION.

Nous l'avons dit en commençant, la bienséance préside aux plus nobles enseignemens de la morale, comme elle règle les plus vifs élans du plaisir. Nous allons donc avant tout la considérer sous le rapport religieux.

§ Ier.

Du respect dans les temples.

Le sentiment religieux est l'immense, peut-être l'unique différence qui se trouve entre l'homme et l'animal. Qu'elle vous absorbe avec profondeur, vous exalte avec délices, ou par malheur se dérobe à votre âme, cette mystérieuse et sublime inspiration doit toujours vous commander le respect. Ainsi, sans vous arrêter à telles ou telles différences de culte, ne visitez jamais un temple sans vous soumettre aux convenances religieuses. Gardez le silence, ou du moins ne parlez qu'à voix basse et rarement; découvrez-vous; marchez d'un pas lent et grave; arrêtez-vous en vous inclinant, si quelque cérémonie réunit une assemblée pieuse. Que le temple soit juif, catholique, protestant, rappelez-vous que là des hommes honorent le Créateur de l'univers; que là des hommes cherchent la consolation de leurs peines, le pardon de leurs erreurs.

Si vous visitez en curieux une église ou tout autre édifice semblable, tâchez de le faire hors le tems des offices. Considérez silencieusement les tableaux, statues, etc. :

surtout gardez-vous d'imiter les imbéciles vendales qui souillent de leur nom obscur, de leur nom de quelques instans, des monumens destinés à traverser les siècles. N'oubliez pas comme eux, que la seule chose qu'ils doivent attendre est le sourire de mépris de tous les amis éclairés des arts.

N'attendez point que les gardiens réclament auprès de vous la gratification due à la complaisance qu'ils ont eue de vous guider; offrez-la leur en les quittant, et en les remerciant. Acquittez aussi le prix des siéges sans nulle discussion ; évitez même d'échanger des pièces d'or ou d'argent, et pour cela soyez toujours pourvu de menue monnaie. Le respect dû aux temples ordonne de s'abstenir de tout ce qui ressemble aux soins d'un négoce.

J'ai dû parler d'abord le langage de la tolérance, et d'une vénération religieuse générale, maintenant je vais faire entendre celui de la foi et de la piété. Que la propreté et la modestie de vos vêtemens, que votre tenue discrète, respectueuse, annoncent que vous sentez ce que l'on doit à la maison de Dieu. Inclinez-vous en y entrant; prenez de l'eau bénite; allez ensuite par le plus court chemin, et sans précipitation, à la place que vous devez occuper; s'il se peut, n'en changez pas; ne vous mettez point au passage; ne transportez pas de chaises au loin; prenez-en deux, afin de n'avoir point à tourner et retourner votre siége selon que l'exigent les circonstances dans les cérémonies du culte (1). Si les offices sont commencés, placez-vous en arrière, afin de ne point troubler les assistans par votre arrivée. Le

---

(1) Il serait à désirer qu'on imitât partout l'usage adopté au Hâvre, à Dieppe et autres villes de Normandie. Au lieu de s'asseoir sur des chaises, on entre dans des bancs dont l'église est entièrement garnie. Aussi le service se fait-il avec cent fois plus de décence et de régularité.

même motif doit vous engager à ne pas sortir avant la fin, à moins de causes pressantes.

Êtes-vous accompagné d'une personne à qui vous devez des égards, devancez-la pour lui présenter de l'eau bénite; préparez-lui deux chaises, placez-vous ensuite auprès d'elle. En sortant, frayez-lui le passage; portez son livre de prières, présentez-lui de nouveau l'eau bénite et retenez la porte pour la faire passer. Au reste, ces deux dernières politesses doivent être adressées indistinctement par les gens polis aux personnes qui se trouvent près d'eux, à l'entrée ou à la sortie de l'église. Les égards bienveillans envers le prochain, sont un digne accompagnement de la prière.

Si un jour d'affluence vous avez deux chaises, il est bien d'offrir l'une d'elles à ceux qui n'en ont pas : un homme doit même quitter la sienne en faveur d'une dame debout. Chacun sait qu'il est contraire à la sainteté du lieu de se promener dans une église comme dans une promenade publique, d'y converser comme dans une maison particulière ; d'y jeter de côté et d'autre des regards de curiosité ; d'avoir un maintien qui décèle la préoccupation ou l'ennui ; de se balancer sur son siége, d'agiter d'une manière fatigante celui de la personne placée devant soi ; d'amener des chiens, d'apporter des paquets, etc.

Pendant le sermon, il faut tâcher de ne faire aucun bruit, et saluer avec un profond respect chaque fois que le prédicateur prononce le nom sacré de Jésus-Christ.

Soit que l'on accorde ou que l'on refuse une offrande aux quêteurs et quêteuses, il faut leur répondre par un salut.

Il est complètement contraire aux convenances religieuses de se presser, de se fouler pour aller à l'offrande, pour prendre des cendres, approcher du confessionnal. En ce dernier cas surtout, vous devez attendre en silence votre tour, sans chercher à supplanter les personnes placées avant vous ; toutefois, si vous avez quelques motifs pressans, vous pouvez les faire valoir avec douceur et politesse. Les disputes qui s'élèvent trop fréquemment à cet égard sont à la fois une inconséquence et une impiété.

Lorsqu'on prend place à la sainte table, on doit quitter ses gants, son livre, son sac ou ses armes. Il est bon que les dames se couvrent d'un voile à demi-relevé ; c'est l'annonce de la piété et de la pudeur.

§ II.

Des convenances religieuses dans le monde.

Si le principe fondamental de la bienséance consiste à ne blesser personne dans son amour-propre, ses goûts, ses intérêts, à plus forte raison exige-t-il de respecter les croyances. Se faire un jeu de la foi, ce sentiment puissant, intime, presque involontaire, devant lequel recule la loi ; livrer au tourment de douter, des cœurs naguère pieux et tranquilles : éveiller l'esprit de fanatisme et d'emportement religieux ; se faire considérer par les uns comme un imprudent, par les autres comme un infâme ; par tous comme un ennemi de la politesse et de la tolérance, voici les tristes fruits des railleries contre les cultes, railleries presque toujours dictées par le désir de faire briller son esprit.

Ces résultats ont lieu sans aucune exception : les sarcasmes impies blessent constamment les gens sages, mais ils deviennent encore plus révoltans dans la bouche des femmes ; des femmes, espèce d'anges qui doivent sans cesse se montrer aimantes, pures, libres de passions ; des femmes, que Bernardin de Saint-Pierre désigne avec tant de sentiment et de justesse par le nom de *sexe pieux*.

Ce n'est point cependant qu'il faille proscrire les allusions légères et spirituelles, les comparaisons tirées des livres saints, et faites d'ailleurs dans un bon esprit. Ainsi vous pouvez demander à quelqu'un s'il a beaucoup de contrition de sa négligence à vous visiter, à vous écrire. Interrogé sur l'époque depuis laquelle vous avez telle habitude, vous pouvez répondre : De toute éternité, etc. Il est inutile, je crois, de multiplier ces inductions que nous sommes loin d'apporter pour exemple ; il suffira d'ajouter que le rigorisme seul peut les réprouver, et que l'occasion les rend quelquefois très piquantes.

Quant aux discussions religieuses, elles sont de toutes les discussions celles qui demandent le plus de réserve et de soin, parce que souvent à notre insu la conscience y devient l'auxiliaire de l'orgueil. Si donc vous ne savez vous posséder ; si d'autre part vous ne vous sentez pas assez de force logique, assez de grâce, ou du moins assez de netteté d'élocution, pour combattre avec succès, évitez les controverses ; évitez-les de peur de compromettre aux yeux des faibles la religion que vous défendez, et de peur aussi de vous donner un ridicule ineffaçable. Mais d'ailleurs, quel que soit le besoin que vous éprouviez d'éluder les argumens de votre adversaire, quel que soit votre triomphe, et quoique vous pousse la pente de votre esprit, ne changez jamais en plaisanteries une discussion sérieuse; vous perdriez à l'instant tous vos avantages, et, déjà terrassé, votre antagoniste se relèverait au bruit de cette réflexion si vraie : « Les plaisanteries ne prouvent rien. »

Au reste, tout en manifestant à chaque occasion un sincère et profond respect pour la religion, gardez-vous sur toutes choses de faire proclamation de piété. Évitez d'entretenir les gens de votre paroisse, de votre confesseur, de vos pratiques religieuses. Si vous ne vous distinguez pas de la foule, on vous prendra pour un hypocrite ou pour un petit esprit. Si vous vous recommandez au contraire par un mérite supérieur, on croira que vous vous plaisez orgueilleusement à faire sentir le contraste qui existe entre vos grands talens et votre humble foi. Entre nous, aura-t-on bien tort ?

CHAPITRE II.

DE LA BIENSÉANCE RELATIVE AUX DEVOIRS DE FAMILLE.

Puisque nous avons reconnu qu'il est des devoirs de bienséance relativement à la piété, il en est aussi relativement à la piété filiale, cet autre culte, ce culte familier envers la Divinité, que nos parens représentent sur la terre. Les plus sublimes, les plus touchans enseignemens de la religion et de la nature s'accordent pour nous commander d'aimer et d'honorer ceux dont nous tenons le jour. Nous ne ferons pas aux lecteurs l'injure de penser qu'il faille insister sur la nécessité d'accomplir un devoir senti de tous les esprits droits de tous les bons cœurs.

L'usage a prévalu de tutoyer ses père et mère. Ce signe d'une grande confiance, d'un affectueux abandon, ne doit jamais dégénérer en familiarité offensante. Il faut toujours les aborder avec un ton respectueux et caressant; les prévenir en toutes choses; leur demander conseil; recevoir leurs remontrances avec soumission; garder le silence sur les torts qu'ils peuvent avoir; leur témoigner en toute occasion une vive reconnaissance : enfin, quels que puissent être nos avantages sur eux, il faut mettre ces avantages en oubli, et les traiter toujours comme nos supérieurs, nos bienfaiteurs et nos guides.

Outre les marques journalières de déférence que nous prodiguerons à nos parens, il est d'autres témoignages particuliers dont notre amour saisira le prétexte. A certaines époques, telles que le renouvellement de l'année, le jour de naissance ou de nom, nous devons leur offrir de tendres félicitations, des présens ingénieux. L'âge ne saurait dispenser de ces attentions délicates. Si vous avez quelque succès dans les sciences ou dans les arts, faites-en hommage à ceux dont vous tenez les bienfaits de l'éducation.

Êtes-vous séparé de votre père et de votre mère, écrivez-leur fréquemment ; que votre style soit empreint d'une pieuse affection ; rappelez plus particulièrement à la fin de vos lettres les sentimens de respect et d'amour dont vous devez être animé.

Pour ce que réclament de vous vos oncles et tantes, frères et sœurs, cousins et cousines, vous saurez quelles sont les bienséances ordonnées à leur égard, si vous sentez combien les liens de famille sont et respectables et chers : vous aurez envers les uns une politesse respectueuse, envers les autres une politesse amicale. Ils obtiendront en toute occasion vos premières visites et vos premiers égards : vous vous identifierez avec toutes les circonstances heureuses ou malheureuses de leur destinée ; vous les inviterez avant tout autre aux fêtes et réunions qui auront lieu chez vous, à moins que vous n'assembliez spécialement certaine partie de votre société à laquelle ils seraient complètement étrangers. Alors vous aurez soin de convier uniquement vos proches de tems à autre, afin de leur prouver que vous n'aviez point l'intention de les éloigner. Vous pouvez être lié plus intimement avec quelques personnes de votre famille, et leur donner des preuves particulières d'affection ; mais en ces réunions-là vous ferez bien de vous abstenir de tout acte de préférence.

Sans nuire en rien à la cordialité, un peu plus de cérémonie présidera à vos relations avec les parens par alliance, auxquels vous devez d'ailleurs autant d'égards qu'à vos propres parens.

CHAPITRE III.

DES DEVOIRS DE BIENSÉANCE CONJUGALE ET DOMESTIQUE.

Si quelque chose pouvait rendre la politesse ridicule et même odieuse, ce serait l'humeur de certaines personnes qui, modérées, aimables, gracieuses dans la société, se montrent dans leur intérieur moroses, brusques et grossières. Ce défaut, beaucoup trop ordinaire, est une des plus grandes inconséquences de l'esprit humain. Vous mettez tout en œuvre pour plaire au monde que vous ne voyez qu'en passant, au monde dont le pouvoir se borne à vous procurer quelques momens de plaisir, et vous négligez d'être agréable à votre épouse, à votre époux, dont vous attendez tout le bonheur de votre vie. Peut-être vous serait-il plus avantageux d'être habituellement quinteuse ou farouche, car le contraste de votre urbanité de salon et de votre maussaderie d'intérieur doit la faire paraître encore plus choquante.

L'intimité conjugale dispense, il est vrai, de l'étiquette établie par la politesse, mais elle ne dispense point de ses égards. En présence de sa femme ou de son mari, on ne doit jamais se livrer à la satisfaction des besoins qui entraînent avec eux une idée de dégoût, ni aux soins de toilette, qui devant tout autre que soi-même blessent la décence ou la propreté (1). On ne doit point souffrir ses vêtemens en désordre sous prétexte que l'on se lève, que l'on est chez soi. S'habiller avec ordre, avec une élégante simplicité, est encore une bienséance importante en ménage.

La conversation conjugale ne peut sans doute être ornée, soutenue comme dans

---

(1) Comme se laver les pieds, se couper les ongles, sortir du bain, etc.

le monde : il serait souverainement ridicule qu'elle n'eût ni abandon ni interruption, mais il importe qu'elle soit préservée de toute impolitesse, de toute licence. Si quelquefois l'entretien de votre mari ou de votre femme vous cause de l'ennui, vous ne devez ni le lui dire, ni même le lui faire soupçonner en changeant brusquement de discours. Dans toute discussion vous veillerez attentivement sur vous-même, afin que la familiarité conjugale ne la fasse point s'élever peu à peu au diapason de la querelle. C'est surtout à la femme que s'adresse ce conseil, car on peut ajouter aux touchantes paroles de l'Écriture, *La femme n'a point été créée pour la colère*, celles-ci, *Elle a été créée pour la douceur.*

Accueillir avec une politesse particulièrement affectueuse les amis de la personne à laquelle le mariage vous unit; respecter inviolablement les lettres qu'elle écrit ou reçoit; ne point chercher à pénétrer les secrets qu'elle vous cache par état ou par délicatesse ; ne jamais contrarier ses goûts, à moins qu'ils ne lui soient nuisibles, et encore, dans ce cas, non point les contrarier, mais chercher à les restreindre avec adresse et bonté ; se bien garder de confier aux étrangers ou aux domestiques les petits chagrins qu'elle peut vous faire éprouver ; redouter comme un poison, les marques de dépit, de froideur, les soupçons, les reproches ; vous excuser promptement et d'une manière caressante lorsque vous vous êtes laissé aller à quelque mouvement d'humeur ; recevoir ses conseils avec attention, bienveillance, et les exécuter le plus tôt possible, telles sont les obligations de bienséance et d'amour auxquelles s'astreignent les époux pénétrés de la douceur, de la sainteté des sermens qu'ils ont prononcés devant Dieu.

Il est une bienséance plus rigoureuse pour de nouveaux époux, pour des époux bien unis : c'est de s'interdire en public toute marque de tendresse trop vive, tout soin trop exclusif. Des époux qui, en société, se placent constamment l'un auprès de l'autre, qui conversent, dansent ensemble, et s'embrassent surtout, ces époux amoureux n'échappent point au ridicule que leur cachent leurs sentimens. Dans le monde, on doit avant tout éviter d'être personnel : or un mari ou une femme, c'est un autre soi ; il faut l'oublier.

Mères, en particulier, comblez vos enfants de caresses, occupez-vous uniquement d'eux, si vous ne craignez cependant de les rendre orgueilleux, exigeans, insupportables ; mais si vous fatiguez les gens de leur présence continuelle, si vous excitez ou répétez complaisamment leur babil et leurs jeux ; si, d'autre part, devant les étrangers, vous les traitez avec rigueur, vous les grondez, les mettez en pénitence, etc., soyez bien assurées que chacun vous trouvera aussi importunes que ridicules.

Quand leurs enfans sont devenus jeunes écoliers, jeunes demoiselles, les mères ont encore un autre écueil à craindre. Il est presque superflu de le signaler; car chacun pense, j'en suis sûre, à ces mères si fatigantes, qui transforment chaque visiteur en examinateur de leurs fils, en admirateur de leurs filles; qui mettent les uns et les autres constamment en état de réclame ou d'étalage, leur font largement partager, quelque intéressans qu'ils soient d'ailleurs, le ridicule dont elles se couvrent.

C'est d'autant plus insupportable que les visiteurs sont obligés, quoiqu'ils en aient par dessus la tête, de feindre l'intérêt, la surprise, quelquefois même l'admiration : et qu'ils doivent ainsi, les malheureux, contribuer à rendre les parens incorrigibles et les enfans insupportables, au risque de paraître impolis.

Cette concession est acquise à la vanité paternelle, la plus touchante des vanités; ce qui ne l'empêche pas toutefois d'être assommante et d'entraîner après elle sa punition.

Donnons maintenant quelques conseils aux maîtres.

La bienséance domestique, qui est à la fois un devoir de justice, de religion et d'humanité, est encore une source de paix et d'agrémens. Des serviteurs traités avec les égards convenables, sont attentifs, zélés, reconnaissans, et par suite tout s'exécute avec ordre, avec affection. Qui n'en connaît le charme et le prix ?

Les devoirs de cette sorte de bienséance exigent que vous ne commandiez jamais à vos domestiques avec hauteur et dureté. Chaque fois qu'ils vous rendent quelque service, elle réclame un mot, un geste, ou du moins un regard de remercîment : elle veut que vous soyez encore plus affectueux pour les domestiques de vos connaissances, surtout envers ceux de vos amis, que vous devez toujours accueillir gracieusement. Quant aux vôtres, tout en vous défendant sévèrement de leur adresser toute conversation confidentielle ou même inutile, crainte de les rendre insolens ou familiers, la bienséance vous ordonne de les écouter avec bonté, de leur donner de salutaires conseils lorsqu'il s'agit de leur intérêt. Elle commande aussi de leur montrer souvent de l'indulgence, afin de pouvoir, quand il y a lieu, les reprendre avec fermeté, sans être obligé de recourir à la fausse énergie de la colère.

Le bon ton des domestiques annonce ordinairement celui des maîtres. Ne souffrez point qu'ils demeurent assis en répondant aux personnes distinguées qui vous demandent. Ayez soin qu'ils le fassent toujours en termes honnêtes et d'une manière polie; qu'ils s'empressent, s'il y a lieu, de les débarrasser de leurs socques, parapluies, manteaux, etc.; qu'ils précèdent les visiteurs pour leur éviter le soin d'ouvrir et fermer la porte. Si l'on annonce chez vous, qu'ils s'informent avec politesse du nom des gens, et le prononcent en tenant ouverte devant eux, la porte de votre appartement. Si vous ne vous y trouvez pas, qu'ils avancent un siège, en priant honnêtement d'attendre un moment que l'on aille avertir *Monsieur* ou *Madame :* il est de bon usage qu'ils n'ajoutent point votre nom.

Quand les visiteurs sortent, les domestiques doivent s'empresser d'ouvrir les dernières portes sur leurs pas : ils tiendront la poignée à la main, si vous vous entretenez quelques instans avec la personne que vous reconduirez : ils lui présenteront avec respect les effets qu'elle aura déposés, et l'aideront à les remettre : ils l'éclaireront, s'il y a lieu, en marchant lentement devant elle, et en portant en arrière le flambeau.

Habituez vos domestiques à ne jamais se présenter devant vous vêtus malproprement, ou trop parés ; à ne point s'asseoir en votre présence, surtout en servant à table; à ne point se mêler de la conversation; à ne jamais répondre par signes, ou en termes grossiers; enfin à vous parler à la troisième personne, *Madame veut-elle quelque chose ? que demande Monsieur ?*

C'est seulement chez les habitans mal élevés des petites villes que l'on dit, la *fille*, le *garçon*, la *domestique*, la *servante*, et chez les orgueilleux de mauvais ton qui singent la grandeur; le *laquais*, le *valet*, *mes gens*; les personnes de bonne compagnie disent simplement, la *bonne*, la *cuisinière*, la *femme de chambre*, etc., et mieux encore, elles désignent leurs domestiques par leur nom de baptême ou petit nom.

Si vous vous êtes trouvé quelquefois avec ces impitoyables ménagères qui proclament le tarif des denrées qu'elles ont été, suivies de la *fille*, acheter au marché; qui vous entretiennent sans fin des insultes et des infidélités de leurs domestiques renouvelés chaque mois; qui s'emportent devant vous pour un verre cassé dont elles exigent le prix, et vous rendent témoin et juge de leurs vertes discussions à propos de quelques erreurs de service; si vous avez eu le malheur de dîner chez elles, et les avez vu confier à regret à leurs tristes servantes une clé après une autre clé, pour rassembler le dessert apporté par celles-ci à grand renfort d'humeur; si vous les avez vu aller à la cave elles-mêmes, et lorsqu'à peine vous aviez quitté la table, ranger avec inquiétude vin, sucre, friandises: dites, pauvre convive, si, tout en détournant la tête avec embarras et dégoût, vous ne vous êtes pas dit cent fois : « Oh! quels vivans et fâcheux modèles du parvenu ou du provincial! »

CHAPITRE IV.

DE LA BIENSÉANCE ENVERS SOI-MÊME.

Le soin de sa personne, de sa réputation sont encore des devoirs de bienséance.

Si la vanité, l'orgueil, la pruderie ont fait souvent donner à ces soins les noms de coquetterie, d'ambition, ou de bégueulisme, c'est une raison encore plus déterminante pour chercher à s'éclairer sur ces points.

§ Ier.

De la Toilette.

La bienséance exige que nous soyons toujours vêtus d'une manière propre et décente, même dans notre intérieur, même en quittant le lit, et sans avoir d'autre témoin que nous-mêmes. Elle veut que nos vêtemens soient en rapport avec le sexe, la fortune, l'état, l'âge, la figure, ainsi qu'avec la saison, les différens momens de la journée et les occupations diverses.

Indiquons maintenant les spécialités de ces convenances générales.

La tenue du lever pour un homme est le bonnet de coton ou le foulard, la robe de chambre ou le gilet à manches : pour une dame, le petit bonnet de batiste, la camisole ou la robe d'étoffe commune. Il est bon qu'un demi-corset précède le corset entier que l'on ne peut prendre qu'en s'habillant ; car il est très mal séant pour une dame de n'être point du tout lacée. Les papillottes, que l'on ne peut ôter en se levant (parce que les cheveux ne tiendraient pas la frisure jusqu'au soir), doivent être cachées sous un bandeau de dentelle ou un bandeau formé par la chevelure. Il faut les ôter le plus tôt qu'il se peut. Dans cette tenue, on ne peut recevoir que des amis intimes ou des personnes qu'appellent auprès de vous des affaires pressées, indispensables; encore faut-il leur présenter quelques excuses. Négliger de quitter cette mise matinale dès qu'on a la possibilité de le faire, c'est vouloir s'exposer à des embarras souvent très pénibles, et aux apparences du manque d'éducation. Au reste, il est bien de vous imposer la loi d'être habillé à telle ou telle heure (le plus vite possible), parce que les occupations pourraient s'enchaîner de manière à vous empêcher d'être présentable de tout le jour, et que vous en prendriez aisément l'habitude. Or, ce désordre de toilette peut se tolérer lorsqu'il est rare, momentané, qu'il semble évidemment causé par l'embarras des affaires; mais s'il est journalier, constant; s'il paraît l'œuvre de la négligence et de la malpropreté, il est impardonnable, surtout pour les dames, dont le costume est moins destiné à vêtir qu'à parer.

Croire que les grandes chaleurs autorisent ce désordre, permettent de porter des souliers en pantoufles, de demeurer jambes et bras nus, de prendre des attitudes nonchalantes, immodestes, c'est une erreur des personnes de basse classe ou dépourvues d'éducation. La canicule ne saurait excuser cela : si l'on veut rester ainsi vêtu, il faut faire dire que l'on est absent. D'autre part, penser que le froid et l'humidité font pardonner d'autres licences du même genre, c'est également une erreur. Vous ne devez point porter habituellement chez vous de chaussures grossières (ceci s'adresse aux dames principalement), telles que chaussons de lisière et autres objets analogues; bien moins encore de chaussures bruyantes, telles que sabots à souliers, galoches fourrées, souliers à semelles de bois, socques, etc. : cet usage est du plus mauvais ton. Lorsque vous allez voir quelqu'un, vous ne pouvez vous dispenser de quitter vos socques ou vos claques avant d'être introduit dans l'appartement. D'ailleurs, faire du bruit en marchant est entièrement opposé aux bonnes manières.

Quelque pressé que l'on puisse être, une femme du bon genre ne peut sortir dans le costume de son lever, ni avec un tablier, un bonnet, même en étoffe claire et garni de rubans. Un homme bien né ne peut pas non plus se montrer dans la rue en veste, gilet, etc.

Nous avons dit en commençant, que la mise doit être assortie aux différentes heures de la journée. Les visites du matin pour les dames doivent avoir lieu en négligé élégant et simple, dont nous ne pouvons donner tous les détails, à raison de leur multiplicité et des nombreuses modifications de la mode. Nous dirons seulement que l'on fait pour l'ordinaire ces visites avec le costume que l'on porte à demeure chez soi. Les messieurs s'en acquittent en redingote, en bottes et pantalon, ainsi que pour leurs courses journalières. Au surplus, cette tenue leur est également permise pour les visites du milieu de la journée. Quant aux dames, il leur faut pour ces visites-là une toilette un peu plus soignée.

Les visites de cérémonie, celles du soir, les assemblées surtout, exigent chez les uns une mise plus recherchée, chez les autres une parure brillante. Il y a même pour celles-ci des coiffures spécialement destinées à ces occasions, et qui se portent là seulement, tels que les bonnets riches en blonde, ornés de fleurs, les berrets brillans, les toques, dites de salon.

Les plus beaux draps, du linge très fin et très frais, un gilet élégant mais simple, une très belle montre à laquelle est uniquement suspendue une seule clé de prix, des chaussures délicates et parfaitement cirées, un chapeau complètement neuf, d'une qualité supérieure, telle est la mise, à la fois recherchée et sévère, d'un homme de bon goût et de bon ton. L'état apporte fort peu de modification à ce costume; cependant nous ferons observer que les savans, les hommes de lettres et de loi doivent éviter d'avoir la tenue fashionable ou militaire, qu'adoptent généralement les étudians, les commerçans, les *dandys*, par ton ou par désœuvrement.

La position dans le monde détermine

chez les dames des différences bien autrement prononcées, quoiqu'elles s'effacent de jour en jour. Chacun sait que quelle que soit la dot d'une demoiselle, sa mise doit toujours, dans la forme comme dans les ornemens, offrir moins de recherche et moins d'éclat que celle des dames mariées. Les cachemires de prix, les très riches fourrures, les diamans lui sont interdits, ainsi que diverses autres parures brillantes. Les jeunes personnes qui bravent ces convenances si sensées donnent à croire qu'elles sont possédées de l'amour effréné du luxe, et se privent du plaisir de recevoir ces parures de la main d'un époux.

Toutes les dames ne peuvent pas user indistinctement du privilége que le mariage leur confère à cet égard, et la toilette de celles dont la fortune est médiocre ne doit pas dépasser les bornes d'une élégante simplicité. Des considérations de l'ordre le plus élevé, celles du bon ordre intérieur, de la dignité d'épouse, des devoirs de mère, viennent appuyer cette loi de la bienséance, car la bienséance touche à la morale de toutes parts.

Un écueil est à craindre en ce cas : souvent une jeune femme peu fortunée, désirant paraître convenablement dans quelque réunion somptueuse, fait des sacrifices pour embellir sa modeste parure. Mais ces sacrifices sont nécessairement incomplets : un ajustement neuf et brillant se place à côté d'un ajustement mesquin ou vieilli. La toilette alors manque d'harmonie, et l'harmonie est l'âme de l'élégance comme de la beauté. Au surplus, quel que soit le degré d'opulence dont vous jouissiez, le luxe est tellement envahisseur de sa nature, que nulle richesse ne pourrait suffire à ses exigences ; mais par bonheur la bienséance, toujours d'acccord avec la raison, rassure par cette maxime les femmes sociables et sensées. Ni trop haut, ni trop bas : il est également ridicule de prétendre être la plus fastueuse et de se résigner à se montrer la plus mal mise d'une assemblée.

Les convenances de l'âge ressemblent à celles qu'impose la médiocrité : ainsi les dames déjà vieillies doivent s'abstenir des couleurs éclatantes, des dessins recherchés, des modes très nouvelles, des ornemens gracieux, comme plumes, fleurs, bijoux. Une personne sur le retour, coiffée en cheveux, porteuse d'une robe décolletée à manches courtes, ornée de colliers, bracelets, etc., blesse autant la bienséance que son intérêt et sa dignité.

La simplicité sévère des vêtemens masculins n'établit que très peu de différence entre la mise des jeunes gens et celle des hommes âgés. Cependant ceux-ci doivent aussi choisir les couleurs sombres, suivre les modes de fort loin; se garder des vêtemens trop collans ou trop écourtés, et n'avoir dans leur toilette d'autre but que l'aisance et la propreté. A moins que le soin de leur santé, ou une calvitie complète, ne leur ordonne de porter perruque (1), il est bien plus convenable que les vieillards montrent leur blanche et noble chevelure. Les dames âgées, auxquelles l'usage commande, en province, de cacher ce respectable signe d'une longue vie, éviteront du moins les frisures trop épaisses et trop bouclées.

Maintenant, à Paris, les dames dont la chevelure présente les teintes de l'âge, ont pris le sage parti de n'y plus substituer une chevelure étrangère : elles font bien, mais elles acheveraient de bien faire en n'y mêlant pas de fleurs: Rien n'est pénible et risible à voir comme des roses dans des cheveux gris.

Sous peine d'être ridicules et vêtues

---

(1) Les jeunes gens chauves ne doivent pas non plus hésiter à recourir aux perruques. Rien n'attriste plus le regard que ces crânes dépouillés, qui semblent toujours appeler les observations de l'anatomiste.

d'une manière désagréable ou nuisible, les dames doivent adopter en été les étoffes légères, de couleurs tendres, et en hiver les fourrures, les tissus épais, chauds, de couleurs foncées. Les hommes naguère étaient presque libres de cette obligation ; on les voyait constamment habillés de drap en toute saison, mais maintenant, quoique le drap soit toujours la base de leur toilette, ils doivent choisir des étoffes d'hiver ou d'été, selon qu'il convient. Il est de bon ton pour les messieurs de porter un riche manteau : la redingote mise par dessus l'habit (surtout la redingote en soie) est abandonnée aux hommes d'un certain âge. Il n'y a que les septuagénaires et les ecclésiastiques qui portent des douillettes ou redingotes de soie ouatées.

Pour terminer les instructions relatives à la toilette, il ne nous reste plus à faire que quelques observations.

Il est souverainement ridicule pour une dame d'aller à pied, étant coiffée en cheveux, en toilette de salon ou de bal. Si l'on habite une ville de province où l'usage des voitures n'est pas reçu, il faut se faire conduire en chaise à porteurs. Qui ne sent combien il est risible de voir cheminer péniblement dans la poussière ou dans la boue une femme vêtue de satin, de blonde ou de velours ?

Variez votre toilette autant qu'il se peut, de peur que les désœuvrés et les mauvais plaisans, toujours en majorité dans le monde, ne s'amusent à la mettre dans votre signalement.

En province, où pour un grand nombre de dames, cette variété dans les parures est la principale occupation, presque le principal mérite, il faut bien se garder de sembler reconnaître telle ou telle robe, portée dans telle occasion. La bienséance aussi tolère et ménage certains travers.

Quelques élégantes cherchent à se faire une sorte de réputation par le choix bizarre de leurs ajustemens, par leur empressement à saisir les premiers caprices des modes. La bienséance tolère à grand'peine ces fantaisies d'enfant gâté; mais elle applaudit à la femme de sens et de goût qui ne se hâte point de suivre les modes, interroge leur durée probable avant de les adopter ; qui les choisit et les modifie avec succès d'après le caractère de sa taille et de sa figure.

Il serait extrêmement grossier de se présenter crotté dans une maison honnête, surtout si on fait une visite de cérémonie. Aussi, lorsqu'il y a beaucoup de boue et qu'on ne marche pas adroitement, est-il à propos d'aller en voiture, ou du moins de réclamer les services d'un décrotteur à peu de distance du logis.

§ II.
De la Réputation.

Dans les soins que la bienséance nous oblige d'avoir de notre personne, plaire n'est qu'un accessoire : le but principal est d'indiquer par la propreté, la convenance des vêtemens, que le bon ordre, le sentiment du bien, l'honnêteté en toutes choses, dirigent nos pensées et nos actions. De ce point de vue moral, on voit que le soin de sa réputation est la conséquence nécessaire des devoirs de la bienséance envers soi-même.

Inspirer l'estime et la considération, tel est donc le grand objet de la bienséance; car sans ce trésor, les relations de la société seraient une abjection et un supplice. On l'obtient par l'accomplissement de ses obligations de famille et d'état; par sa probité et ses mœurs; par sa fortune et sa position sociale.

La considération ne s'acquiert pas par des paroles : un bien si précieux veut un prix réel; il veut aussi le secours de la discrétion. Ainsi, quant au premier point, il faut d'abord remplir exactement ses devoirs envers ses proches; mais encore il faut se garder de laisser pénétrer en public ces légères querelles, ces petits dissentimens d'intérêt, d'humeur ou d'opinion, qui troublent quelquefois les familles les plus unies. Ces nuages de quelques instans, dissipés bientôt par l'affection et la confiance, seraient gravés dans la mémoire d'autrui comme la preuve des discordes de votre intérieur, et par suite comme celle de vos défauts (1).

Puissant moyen de considération, la probité, par sa nature élevée, religieuse, échappe aux investigations de la bienséance. Quoique nous ne séparions point *l'homme honnête* de *l'honnête homme*, nous croyons qu'il serait superflu de rappeler ici au dernier les principes éternels de la justice.

Il n'en est pas de même de la considération qui s'attache à la pureté des mœurs.

---

(1) Quant aux moyens d'obtenir de la considération en s'acquittant de ses devoirs d'état, voyez les chapitres suivans.

La preuve de la probité est dans la probité elle-même ; mais, grâce aux nuances si délicates de la réputation sous le rapport de la chasteté, il existe, indépendamment de la bonne conduite, une multitude de soins, de précautions qui, bien que minutieuses et embarrassantes parfois, ne doivent jamais être négligées. Les dames, auxquelles s'adressent spécialement les conseils renfermés dans ce paragraphe, savent combien l'ombre seule du soupçon les flétrit et les tourmente. Cette ombre, il faut l'éviter à tout prix, et se soumettre pour cela à toutes les pratiques de la bienséance.

Jusqu'à l'âge d'environ trente ans, une demoiselle ne doit jamais sortir sans être accompagnée. Dans les courses par la ville, chez les marchands, chez ses amis intimes, à l'église, elle peut aller avec une *bonne* ; mais s'il s'agit de visites cérémonieuses, de promenades, d'assemblées, de bals, elle ne peut paraître qu'avec sa mère, ou avec une dame de sa connaissance qui lui en tient lieu.

Cette dame, qui prend alors le titre de *chaperon*, conduit ainsi plusieurs jeunes personnes. Il ne lui est point permis de jouer, de se promener dans la salle, en un mot, de quitter son poste de surveillante. Souvent, à cet égard, la négligence des *chaperons* a nui à la réputation de leurs filles adoptives.

Les jeunes dames ont la liberté de faire seules les courses et les visites chez leurs connaissances, mais elles ne peuvent se présenter en public sans leur mari, ou une dame âgée. Cependant elles ont la faculté de se promener avec de jeunes dames ou demoiselles, tandis que celles-ci ne peuvent jamais se promener seules avec leurs compagnes. Elles ne doivent non plus se montrer qu'avec un homme de leur famille, encore faut-il que ce soit un parent très proche ou d'un âge respectable. Il serait peu convenable qu'une jeune cousine fût habituellement avec son jeune cousin.

Excepté dans certaines villes de province, où l'on est d'un rigorisme exagéré, les jeunes dames reçoivent les visites des messieurs ; elles les admettent à leur compagnie dans les promenades publiques, sans que cela porte la moindre atteinte à leur considération, pourvu toutefois que ce soient des hommes de bonnes mœurs, et qu'elles aient soin d'éviter toute apparence de coquetterie. Les jeunes veuves généralement ont autant de liberté que les dames mariées; mais il est des provinces où elles n'en ont pas plus que les demoiselles.

Une dame ne doit point se présenter seule dans une bibliothèque, un musée, à moins qu'elle n'y aille travailler comme artiste.

Une personne du sexe doit avoir une démarche modeste et mesurée : trop de précipitation nuit à la grâce décente qui doit caractériser une femme. Elle ne doit point retourner la tête de côté et d'autre, surtout dans les grandes villes, où cette mauvaise habitude semble un appel fait aux impertinens. Lorsque ceux-ci lui adressent quelques discours flatteurs, ou même insignifians, elle se gardera bien de leur répondre un seul mot. S'ils persistent, elle leur dira d'un ton bref, ferme, mais poli, de vouloir bien la laisser en repos. Si un homme la suit en silence, elle feindra de ne pas s'en apercevoir, et accélèrera un peu sa marche.

Dès que le jour commence à tomber, une jeune femme agirait d'une manière inconvenante si elle allait seule : aussi lorsqu'elle se rend le soir chez quelqu'un, doit-elle avoir soin qu'un domestique vienne la chercher, ou bien; à défaut de cela, prier la personne qu'elle visite, de vouloir la faire accompagner. Mais, quoique cette mesure soit une convenance, et par suite une obligation, une dame bien élevée la mettra en oubli si par hasard les circonstances s'opposent à ce qu'elle puisse sans gêner, trouver un conducteur.

Quand le maître de la maison veut vous accompagner lui-même, il faut se défendre poliment de lui procurer cette corvée, mais cependant finir par accepter. En arrivant chez soi, on doit lui offrir ses remercîmens. Afin d'éviter ces deux inconvéniens, il sera bien de prier votre mari, ou un de vos parens, de venir vous chercher; vous en éviterez encore un troisième : dans les petites villes, où la malice est excitée par l'ignorance et le désœuvrement, on incrimine souvent les démarches les plus innocentes; il n'est pas rare de voir de méchantes et niaises commères, observer que madame une telle ne va chez madame telle autre que pour revenir avec monsieur. Ce mauvais propos, une fois semé, germe et très promptement. Mais, si vous l'avez appris récemment, et que l'occasion se présente de le confirmer encore, résignez-vous pour cette fois ; gardez-vous bien de refuser le bras de votre guide habituel en lui faisant connaître cet incident, car il n'est pas au monde de rôle plus ridicule que celui d'une femme qui défend ainsi sa vertu non attaquée. C'est pruderie, sottise ou manége.

Il est bien d'autres circonstances où la situation des dames devient délicate et pénible. Un homme de votre connaissance, l'ami de votre mari, vous fait des politesses empressées, qui ne sont encore que politesses, mais qui menacent de devenir plus, il faut alors être réservée, épier l'intant où s'opèrera le changement, mais bien prendre garde à ne point paraître le prévoir; car il arrive fréquemment que des hommes dont les intentions n'étaient point équivoques, se voyant déjoués, affectent de changer de ton, et se font un malin plaisir de livrer en apparence la pauvre dame au ridicule, à l'embarras de la pruderie orgueilleuse et déçue.

Lorsqu'un homme vous adresse des

complimens exagérés, vous serre les mains, s'approche trop près de vous, retirez votre main, éloignez-vous avec beaucoup de froideur, de dignité, mais sans aucun mélange d'emportement. Rien ne dénote plus une mauvaise éducation. Si la vanité ne vous fait pas trouver une secrète satisfaction dans ces hommages déplacés : si elle ne place point le sourire sur vos lèvres, lorsque votre regard doit être glacial, vous serez bientôt délivrée de ses importunes obsessions.

Après avoir essayé de marquer le point délicat où la bienséance devient pruderie, je vais indiquer les cas affligeans où elle se trouve en opposition avec la bienveillance, la pitié, peut-être avec la justice. Voici comment. Victimes de calomnieuses interprétations ou de démarches imprudentes, de malheureuses femmes sont signalées au mépris public : en tout tems, en tout lieu, on leur en prodigue les marques; à la promenade on ne leur rend point leurs saluts affectueux ; au spectacle on ne répond point à leurs prévenances obséquieuses. Vous qui savez qu'un mot suffit souvent pour ternir, pour perdre à jamais une réputation sans tache, vous plaignez ces infortunées privées de considération; vous désirez la leur rendre, vous formez le généreux projet de les réhabiliter dans l'opinion, de les entourer de votre considération personnelle..... Ne cédez point à cette touchante, mais imprudente générosité. A moins que l'influence de l'âge, que le pouvoir imposant d'une haute position sociale, vous mettent au-dessus de la contagion morale, soyez bien assurée qu'au lieu de sauver la réputation de ces femmes méprisées, vous perdriez la vôtre avec elles. Abandonnez-les donc, ne les voyez point, soyez sourde à leurs avances réitérées, mais sans raideur, mais sans dédain. Après avoir satisfait aux exigences rigoureuses de la bienséance, songez qu'elle a encore des exigences opposées. Ne refusez point un salut, un mot gracieux à ces pauvres femmes, témoignez-leur de la bienveillance en particulier, et, triste de leur sort, prenez la ferme résolution de fuir la médisance comme un crime.

La médisance (et très souvent sous son nom, la calomnie) est, pour quelques personnes, un moyen de conserver intacte leur réputation. Il leur semble qu'en proclamant, en blâmant sévèrement les faiblesses d'autrui, elles prouvent qu'elles sont exemptes de faiblesses. D'autres cherchent dans la médisance une source de succès : ils sont à l'affût des aventures scandaleuses, pourvu qu'elles soient piquantes. Le déshonneur d'une femme intéressante, le désespoir de toute une maison, leur paraissent une bonne fortune, une excellente occasion de faire briller leur esprit. Dieu sait s'ils se font faute de réticences perfides, de commentaires ingénieux. Tout cela peut être toléré, embelli par l'usage du monde, mais n'en est pas moins détesté par la morale et la saine bienséance. Loin donc de vous réunir à ces malheureux conteurs, prenez la défense de l'accusée, ou si le scandale est trop notoire, gardez un silence improbateur.

Le soin de la réputation des dames exige encore qu'elles aient un maintien modeste ; qu'elles s'abstiennent d'avoir des manières agaçantes, des propos libres ; qu'elles n'accueillent point les flatteurs. Nous reviendrons sur cela dans la suite de l'ouvrage. Quant à présent, nous terminons en priant nos lectrices de ne point se méprendre sur l'esprit de nos conseils, et de n'en point faire surgir le bégueulisme, que l'Académie Française définit si justement, *pruderie avec impertinence*.

CHAPITRE II.

DE LA BIENSÉANCE RELATIVE AUX DEVOIRS D'ÉTAT.

Outre la bienséance générale, monnaie courante qui s'échange entre tous, il est une bienséance particulière à chaque état. L'intérêt, l'habitude, le besoin d'une considération spéciale, la nécessité de modérer l'enthousiasme qui les anime presque habituellement, tels sont les motifs qui déterminent les divers genres de politesse que nous allons considérer chez les marchands, les gens de bureau, les hommes de loi, les médecins, les artistes, les militaires et les ecclésiastiques. Comme tout est échange, nous parlerons nécessairement des convenances imposées aux gens qui ont affaire avec ces différens personnages.

§ Ier.

Politesse des marchands et des acheteurs.

La politesse est pour les marchands un moyen de fortune que la plupart se gardent bien de négliger, surtout à Paris où se trouve, par excellence, le modèle du marchand bien élevé. C'est ce modèle que nous voulons présenter à quelques-uns d'entre eux, aux détaillans de province, aux personnes étrangères au commerce et qui s'y destineraient.

Lorsqu'un acheteur entre chez lui, un marchand doit le saluer avec politesse, sans lui demander des nouvelles de sa santé, à moins qu'il ne le connaisse particulièrement. Il attend ensuite que celui-ci lui ait fait connaître ce qu'il désire; il lui avance ou lui fait avancer un siége, puis lui montre, avec la plus grande complaisance, les objets qu'il a demandés. Si l'acheteur est difficile, vétilleux, ridicule, dédaigneux même, le marchand ne doit point paraître s'en apercevoir : cependant il lui est permis de mettre un peu de froideur dans ses manières.

Le rôle des marchands est souvent pénible, il le faut avouer : il est des gens qui les traitent comme des domestiques; il est d'élégantes capricieuses qui ne viennent dans un magasin que pour passer le tems, voir les modes nouvelles, et qui dans ce but font ouvrir cent paquets, étaler des monceaux d'étoffes, et terminent par se retirer en disant d'un ton dédaigneux que rien ne leur convient. Il est enfin d'impitoyables marchandeurs qui bataillent pour quelques sous avec toute la ténacité de l'avarice, de l'entêtement, de l'orgueil; eh bien ! à tous ces travers, le marchand doit opposer une constante urbanité. Il sert les acheteurs impérieux avec empressement, mais presque en silence, car il doit bien être convaincu que plus on est souple avec les gens de cette sorte, plus ils se montrent altiers et durs. Avec les capricieuses, sa patience ne doit pas se démentir : quoiqu'il connaisse parfaitement quel sera le dénoûment de leur fatigante visite, il leur montre une quantité de marchandises, comme s'il croyait qu'elles ont en effet l'intention d'acheter. Cela les tente quelquefois. Est-il complaisant en pure perte, le marchand doit encore témoigner ses regrets de n'avoir pu satisfaire madame, souhaiter d'être plus heureux une autre fois, la reconduire poliment, et tenir la porte ouverte jusqu'au départ de la voiture.

Un marchand qui veut s'épargner du tems, des paroles et des ennuis, qui même sent la dignité de sa profession, doit vendre à prix fixe, ou s'il n'annonce pas ce mode de vente, être à prix fixe réellement en ne surfaisant jamais. Néanmoins s'il a affaire à ces commères qui se croiraient dupes si on ne leur rabattait quelque chose, ou qui ont la prétention d'imposer des sacrifices aux marchands ; il faut se prêter poliment à cette ridicule guerre, et céder peu à peu, sans manifester aucun dégoût de ces interminables débats. Mais le commerçant du bon ton s'abstient de ces grandes démonstrations, de ces risibles sermens, de ces attestations de perte, de préférence : *Je perds tout, c'est parce que c'est vous*, et autres sottises qui, d'une profession respectable, font un véritable métier de laquais.

Les commis portent les effets achetés jusqu'au comptoir, où ils conduisent poliment la personne; ils en font un paquet qu'ils ne remettent que lorsque les comptes sont soldés, et que l'acheteur est prêt à partir. Si celui-ci ne s'en retourne pas à pied, le paquet n'est remis que lorsque l'acheteur est assis, et que l'on se dispose à fermer la portière. Si, au contraire, l'acheteur n'a pas de voiture, il faut lui demander s'il désire que l'on fasse porter le paquet chez lui. Cette politesse est indispensable si le paquet est volumineux, et surtout si l'acheteur est une femme.

Il est encore nécessaire que la dame du comptoir offre de la monnaie légère pour rembourser le surplus du prix, et s'excuse lorsqu'elle ne peut donner que de la grosse monnaie : elle doit présenter la facture des emplettes, et ne marquer aucune humeur si l'acheteur juge à propos de la reviser.

Il est une circonstance qui met ordinairement en défaut la politesse des marchands les plus honnêtes : c'est lorsqu'il s'agit d'assortimens. Il est en effet assez ennuyeux d'étaler un grand nombre de marchandises, de donner des échantillons, avec la presque certitude que tout cela ne servira à rien. Mais ces messieurs ne doivent pas oublier que, comme toutes les qualités, la politesse a ses efforts, et que peut-être séduite par leur aménité, la personne qui vient chez eux par hasard leur donnera pour toujours sa pratique.

Que la classe des commis marchands ne

voie point dans les conseils qui vont suivre, la pitoyable prétention de leur adresser des épigrammes. En les engageant à éviter la volubilité, la familiarité peu respectueuse envers les dames, les éloges outrés des marchandises, l'empressement affecté auprès des personnes riches, la lenteur impolie, l'oubli dédaigneux à l'égard des gens dont la mise est plus que modeste, le ridicule de vouloir établir la conversation, de vouloir faire acheter les gens malgré eux, de les étourdir de la nomenclature de tous les objets du magasin, je songe bien moins à m'unir aux reproches de leurs censeurs, qu'à les en préserver désormais.

Toute civilité doit être réciproque, ou du moins à peu près. Si la politesse empressée du marchand n'exige pas un égal retour, elle a droit à de justes égards ; et, du reste, parce que cette politesse est intéressée, est-ce un motif pour que les acheteurs ajoutent aux désagrémens de son état, et s'inquiètent peu de blesser les lois de la bienséance? Beaucoup de gens bien élevés d'ailleurs, se permettent tant d'infractions sur ce point, que je crois devoir insister.

Quand vous entrez dans un magasin, et qu'il ne s'y trouve personne, il faut avertir tout de suite, soit en frappant légèrement à la porte intérieure, soit en disant d'une voix élevée : *Au magasin, s'il vous plaît :* crier simplement, *à la boutique*, est un usage provincial et grossier.

Ne dites jamais : *je veux telle chose*, mais *je vous prie de me montrer*, ou *voudriez-vous me montrer tel objet?* ou bien employez toute autre forme polie. Si l'on ne vous présente pas d'abord les marchandises qui vous conviennent, et que vous soyez forcé d'en visiter un grand nombre, faites des excuses au marchand de la peine que vous lui donnez. Si vous ne pouvez faire affaire, sortez en renouvelant ces excuses.

Faites-vous des emplettes peu considérables, dites : *Je vous demande pardon*, ou *je suis fâché de vous avoir dérangé pour si peu de chose*. L'irrésolution vous retient-elle assez long-tems dans le choix des objets, adressez encore quelques mots d'excuses au marchand qui attend que vous vous soyez décidé.

Si le prix vous semble trop élevé, et que le magasin ne soit point à prix fixe, réclamez une diminution en termes brefs, honnêtes, et sans paraître jamais suspecter la bonne foi du marchand. S'il ne cède point, n'établissez pas de lutte avec lui, sortez en disant poliment que vous pensez avoir ailleurs la chose à meilleur marché, et que, s'il n'en est pas ainsi, vous lui donnerez la préférence.

Quand le commis termine par vous demander si vous avez besoin d'autre chose, répondez constamment de manière à donner l'espoir que vous reviendrez. Il ne faut jamais négliger d'être agréable. Remerciez toujours en sortant.

§ II.

Politesse des gens de bureau et du public.

Elle n'est pas renommée, et ne peut guère l'être, puisque là le désir de plaire, l'attente du gain, n'ont aucun pouvoir. Comme d'ailleurs on ne traite qu'un instant avec ces messieurs, et qu'ils ont affaire à beaucoup de monde, les soins et les formules de la politesse seraient déplacés. Voici les obligations de la leur; elles ne sont pas étroites; raison de plus pour s'y conformer.

Un homme de bureau n'est pas tenu de se lever pour saluer les gens, ni pour leur offrir un siége; il se contente d'incliner la tête, et de faire un signe de la main pour les engager à s'asseoir. La séance terminée, il salue de la même manière et ne reconduit jamais. Il serait ridicule d'être choqué de ces formes bureaucratiques, et encore plus de vouloir établir la conversation, de s'informer de la santé, etc.

raison de leurs habitudes, les employés doivent s'observer avec soin dans la société.

§ III.

Politesse des hommes de loi et de leurs cliens.

La politesse est chose assez difficile pour cette classe respectable qui voit sans cesse passer sous ses yeux des gens constamment animés d'un sentiment qui rend très peu aimable, l'intérêt. De plus, habitués à réfuter leurs adversaires, obligés de le faire promptement, ils acquièrent en général une sorte de brusquerie, un ton tranchant, un besoin de contradiction, dont ils doivent bien se défier dans le monde, et même dans leur cabinet.

La familiarité des informations ordinaires de la santé n'est point d'usage entre les avoués, les avocats et leurs cliens, à moins qu'ils ne connaissent ceux-ci d'ailleurs. Cependant ils sont obligés à garder des bienséances inconnues aux gens de bureau. Ils saluent en se levant, font asseoir, reconduisent les gens ; ils observent ce qui est dû au sexe, au rang, à l'âge.

Quant aux cliens, ils doivent se conformer aux règles ordinaires de la civilité ; ils doivent, en outre, ne donner aucune marque d'impatience quand ils attendent le moment où l'on pourra les recevoir. Ils feront attention à être clairs et précis dans la narration de leurs affaires, à ne pas importuner par de vaines répétitions, par des déclamations passionnées, le jurisconsulte qui les écoute. Ils considéreront aussi que ses momens sont précieux, et se retireront aussitôt qu'ils l'auront suffisamment instruit de leurs intérêts.

§ IV.

Politesse des médecins et de leurs malades.

Les convenances adoptées dans le cabinet des légistes le sont de même dans le cabinet des médecins consultans ; mais la pitié doit prêter au ton de ces derniers une nuance plus affectueuse. Les malades bien élevés se gardent bien d'en abuser, et retiennent toute plainte inutile à la connaissance de leurs maux. Ils répondent aux questions du docteur d'une manière claire, brève, polie; et lorsque ces questions ne comprennent pas les observations qu'ils ont pu faire de leur maladie, ils énoncent celles-ci en se servant d'une excuse analogue à la suivante : *Je vous demande pardon, cette observation est peut-être oiseuse, mais l'ignorant et ne voulant rien omettre, je la soumets à votre sagacité.*

Vous devez adresser de fréquens et vifs remercîmens au médecin qui vous donne ses conseils ou ses soins. Le cas de non-succès ne vous dispense pas de ces témoignages de reconnaissance; il les rend plus obligatoires peut-être, car la délicatesse exige que vous ne paraissiez point faire de reproches tacites de ce qu'on a été malheureux dans ses efforts.

Obligé de parler de divers besoins, de

diverses parties du corps, pour lesquels la bienséance n'a point de langage, le médecin doit éviter à la fois d'être obscur et d'être grossier, principalement lorsqu'il s'adresse aux dames. L'oubli des formes leur rend souvent insupportable un homme plein de mérite et de savoir.

Chacun sait avec quelles délicates précautions un médecin doit parler devant le malade et sa famille de la nature de la maladie et de ses conséquences probables lorsqu'il existe du danger; avec quelle mesure il doit enfin leur révéler une terminaison funeste, lorsque malheureusement elle est devenue inévitable. Chacun sait aussi que quelque violente que puisse être la douleur des parens, ils ne doivent jamais laisser paraître dans leurs discours au médecin, qu'ils le regardent comme la cause de leur deuil.

§ V.

Politesse des artistes et auteurs; égards qui leur sont dus.

Est-ce que les artistes ne rentrent pas dans la règle commune? me dira-t-on peut-être; et moi je demanderai à mon tour; Vivent-ils de la vie commune, ces hommes toujours absorbés dans une puissante, une unique pensée, dont ils veulent, comme Dieu, animer la matière? eux cherchant partout le secret du beau qui les tourmente, les enivre et les fuit? eux, passionnés, rêveurs, ingénus, presque toujours étrangers aux calculs, aux plaisirs, aux occupations du monde? Non, non, ils ont une existence à part; existence de délices que le monde ne comprend pas, et qu'ils doivent cacher au monde.

Si, comme nous le verrons plus tard, il faut s'interdire de parler de sa profession, de ses affaires personnelles, à plus forte raison, l'artiste doit-il être muet sur ses travaux, ses succès, ses espérances. On l'accuserait d'exaltation, de vanité, peut-être même de folie ; car l'enthousiasme n'est pas compris, n'est pas admis dans la société, parce qu'on y redoute avant tout le ridicule, *et que du sublime au ridicule il n'est qu'un pas.* Qu'il garde donc uniquement pour ses amis, pour les véritables amis des arts, les nobles et touchantes confidences de l'inspiration.

On est aussi généralement porté à soupçonner les artistes de jalousie. Pour échapper à cette accusation, et conserver cependant le droit de dire leur pensée, ils doivent louer avec chaleur ce qui leur paraît bien, et critiquer avec beaucoup de modération et sans aucune raillerie ce qui leur paraît mal.

Ces observations s'adressent également aux auteurs, avec une addition importante toutefois. Indépendamment de l'accusation d'exaltation, on est tout-à-fait disposé à leur appliquer celle de pédantisme. Qu'ils veillent donc bien sur eux, et répriment constamment le désir de mettre la conversation sur les intéressans sujets dont ils sont occupés sans cesse. Qu'ils craignent toujours de s'attirer le nom de *bel esprit*, nom qui rappelle tant de souvenirs de pédantisme et d'afféterie.

Une simplicité gracieuse, un mélange heureux d'élévation et de naïveté, doivent caractériser les auteurs et les artistes, mais principalement les auteurs et artistes féminins. Les dames qui manient la plume, la lyre ou le pinceau, doivent bien se persuader qu'un reste de préjugé élève contre elles, surtout en province, une multitude de préventions. Et d'ailleurs tant de femmes instruites à demi ont tellement eu à cet égard le ton et les manières de parvenues, que le préjugé est presque excusable. Or ce préjugé établit que toute dame auteur ou artiste se doit reconnaître d'abord par sa bizarrerie, son manque de modestie, son bégueulisme pédantesque. Effacez cet injuste préjugé, mesdames, effacez-le; cela vous sera si facile et si doux. Vous n'aurez qu'à suivre l'influence d'une âme élevée, d'un goût pur. Vous n'aurez qu'à vous rappeler que la simplicité est la coquetterie du génie.

Mais si les gens qui cultivent les lettres et les arts doivent se plier sans effort, sans humeur, à toutes les exigences de la société; s'ils doivent se dépouiller de toute prétention et s'oublier eux-mêmes, les autres ne les doivent point oublier. La politesse exige que l'on entretienne un auteur de ses ouvrages; qu'on le félicite de ses succès; qu'on lui adresse des éloges mesurés et délicats. Si quelques-unes de ses œuvres nous sont inconnues, nous les lui demanderons comme emprunt avec empressement; nous les lirons avec promptitude, nous lui prouverons par nos citations que nous en avons pris une entière connaissance. S'il nous a fait l'envoi de quelques-unes de ses productions, nous lui devons une visite, ou tout au moins un billet de remercîmens. Des complimens ingénieux, de vifs témoignages de reconnaissance, doivent remplir cette visite ou ce billet. Souvenez vous aussi que, pour charmer un artiste, il faut flatter à la fois, ses goûts, son amour propre et son culte pour les beaux-arts. Ainsi parlez-lui en connaisseur, ou du moins en admirateur, de la musique, de la peinture. Sollicitez la faveur de voir ses tableaux, d'entendre ses symphonies. Contemplez long-tems les uns; écoutez avec grande attention les autres, adressez-lui de vives félicitations mêlées de remercîmens; puis, par une transition adroite, faites-lui des questions qui témoignent votre désir d'être initié dans la connaissance des arts.

Lorsqu'un artiste ou un écrivain obtient quelque distinction honorable, comme un prix, une médaille, un succès dramatique, un titre d'académicien, ses amis et ses connaissances doivent s'empresser de venir lui offrir leurs complimens. Ceux qui sont éloignés s'acquittent par écrit *de ce devoir* de bienséance.

Non seulement les auteurs de profession, mais les personnes lettrées qui font imprimer un discours, un opuscule, une brochure, en envoient un exemplaire sous bande à leur famille, à leurs amis, à leurs confrères, aux auteurs qui leur ont adressé un semblable envoi, à leurs connaissances intimes, à leurs supérieurs, et aux gens auxquels elles doivent du respect; selon la nature de l'ouvrage, aux gens avec lesquels elles ont des relations de plaisir ou d'affaires. Un usage affectueux et de très bon ton veut que l'auteur écrive de sa main en haut du premier feuillet ou de la couverture quelques mots tendres ou respectueux, selon les personnes auxquelles il s'adresse. Ces mots, qui sont destinés à faire de l'exemplaire envoyé un souvenir ou un hommage, sont toujours écrits sous le nom de la personne, et signés de l'auteur.

Nous ne parlerons de la dédicace que pour faire observer que l'on ne peut dédier un ouvrage à quelqu'un sans avoir préalablement obtenu son agrément, soit de vive voix, soit par écrit.

Nous ajouterons qu'il faut être fort sobre de dédicaces, les faire très courtes, en quelques mots, et en s'abstenant des louanges exagérées, car cette forme les fait considérer comme une lettre de change tirée à vue.

Quand il s'agit du roi, de la reine, des princes, il est nécessaire d'écrire à leur secrétaire des commandemens pour connaître leur vœu à cet égard. Quant à toute autre personne élevée en dignité, on peut lui écrire sans intermédiaire. Lorsque les membres de la famille royale ont agréé la dédicace, l'auteur est ordinairement admis à l'honneur de leur présenter son ouvrage.

§ VI.

Politesse des militaires.

La bienséance militaire a, comme on sait, quelques caractères particuliers. Officiers et soldats ne se découvrent point en entrant à l'église, lorsqu'ils sont sous les armes; seulement, pendant le tems de l'élévation, ils portent la main droite au devant de leur casque, bonnet ou schako. Ce mouvement est leur salut ordinaire. Quand les soldats s'entretiennent avec un supérieur, ils tiennent aussi constamment le bord de la main sur le front.

En entrant dans un salon, un officier dépose son sabre ou son épée. Il n'est pas de bon ton qu'un homme se présente chez des dames en uniforme de garde national, à moins que quelque circonstance n'excuse ou n'autorise cette liberté. En habit bourgeois, les officiers peuvent porter la cravate noire.

Lorsqu'on est lié avec des militaires, en

leur adressant la parole, on les nomme seulement *général, capitaine :* mais il serait désobligeant de leur donner le titre d'un grade inférieur, ainsi l'on ne dit point *lieutenant.*

§ VII.

Politesse des ecclésiastiques et religieuses; égards qui leur sont dus.

Le prêtre doit être considéré sous deux rapports. Lorsqu'il exerce son saint ministère ; lorsqu'il prend part aux relations de la société. Dans le premier cas il est l'objet d'un respect spécial ; et même le titre à lui donner, les paroles à lui adresser, l'attitude à prendre en lui parlant, sont réglés par la lithurgie.

Mais, quoique l'ecclésiastique ne soit plus dans le monde l'objet d'une vénération religieuse, le représentant de Dieu, comme ministre des autels, il a droit à beaucoup de respect et de déférence. Une conversation trop enjouée, des danses, des chants d'amour seraient déplacés en sa présence.

Les prêtres ont deux écueils à éviter dans la société. L'habitude de prêcher une morale austère et sacrée, de catéchiser, de reprendre avec autorité les pénitens, leur donne parfois un ton dogmatique et sévère, pédantisme de morale tout-à-fait contraire à l'amabilité sociale. Parfois aussi, pour prévenir ce résultat qu'ils sentent presque inévitable, d'autres ecclésiastiques, surtout les plus agés, se livrent à d'inconvenantes plaisanteries que n'oseraient se permettre les hommes du monde. Une gravité douce, une gaîté tempérée, une urbanité noble et touchante, tels sont les caractères qui doivent distinguer l'ecclésiastique dans le monde.

Nous avons dit qu'on donne ordinairement le nom de *Monsieur* aux prêtres : on y ajoute leur titre s'ils sont curés ; car si l'on dit, en leur parlant, *monsieur le curé*, on dit rarement *monsieur le vicaire*, et encore moins *monsieur l'habitué de paroisse*. Nous en avons indiqué le motif en apprenant qu'on donne seulement aux militaires les titres des grades supérieurs. Dans l'intimité, on peut dire *curé* tout court, comme on dit *capitaine*.

Voici les titres adoptés pour différentes personnes religieuses.

Les frères des écoles chrétiennes ou de tout autre ordre, reçoivent le nom de *frères*.

Les religieuses et filles de la charité doivent être appelées *sœurs*. Les lettres qu'on leur adresse portent cette suscription :

A ma sœur, ma très chère sœur N.

Si l'on n'est point du tout familier avec elles, et qu'on éprouve de l'embarras à les nommer *ma sœur*, on peut les appeler *madame*, mais *mademoiselle*, jamais : cela paraîtrait peu respectueux.

DEUXIÈME PARTIE.

DE LA BIENSÉANCE RELATIVEMENT AUX RELATIONS SOCIALES.

CHAPITRE PREMIER.

DE LA BIENSÉANCE DANS LES RUES.

Quelques lecteurs seront surpris peut-être de me voir commencer ce chapitre par ce que l'on doit aux passans ; mais en y réfléchissant, ils verront qu'il est encore à cet égard assez de bonnes choses à dire.

Quand vous passez dans une rue et que vous voyez venir à vous une personne de votre connaissance, ou seulement une dame, un homme élevé en dignité, un vieillard, il faut vous préparer à lui donner le *haut du pavé*, c'est-à-dire le côté des maisons.

Si une voiture se trouve arrêtée de façon à ne laisser qu'un étroit passage entre elle et les maisons, gardez-vous de coudoyer et presser grossièrement les passans, afin d'aller plus vite ; attendez votre tour, et si le hasard amène une des personnes désignées ci-dessus, effacez-vous contre le mur afin de lui céder la place. Celle-ci, en passant, doit s'incliner poliment devant vous.

Lorsqu'un orage a fait poser une planche sur les ruisseaux tout-à-coup grossis, il ne faut pas non plus se presser pour passer avant autrui sur ce pont fragile. De plus, un jeune homme bien élevé s'empresse d'offrir la main aux dames, même inconnues, qui doivent le traverser.

Il faut bien faire attention à la manière dont on marche, de peur d'envoyer de la boue autour de soi, de se crotter et de crotter ceux qui vous accompagnent, ou marchent derrière. Une personne, une femme surtout, qui marche ainsi malproprement, quelle que soit d'ailleurs son éducation, paraît toujours lourde et grossière. On sait combien les Parisiennes sont remarquables sous ce rapport : on les voit traverser en bas blancs, en fins souliers, de longues rues boueuses, encombrées, cotoyer des passans mal appris, des voitures qui se croisent en tous sens, et revenir sans nulle tache après une course de plusieurs heures. Pour parvenir à ce résultat prodigieux, qui fait l'admiration et le dépit des provinciales débutant à Paris, il faut bien prendre garde à ne poser le pied que sur le centre du pavé, et jamais sur les bords, car on glisse inévitablement dans l'intervalle d'un pavé à l'autre : il faut commencer par appuyer la pointe du pied avant le talon; même, quand la boue est très considérable, on ne doit appuyer le talon que fort rarement. Quand le chemin est un peu moins mauvais, on se dédommage de cette fatigue, qui, du reste, finit par ne presque plus s'apercevoir. Ce soin est d'obligation rigoureuse quand vous donnez le bras à quelqu'un. Tout en *pin-*

rant le pavé (c'est l'expression reçue), une dame doit relever agréablement sa robe un peu au-dessus de la cheville du pied. De la main droite, elle en réunit les plis, et les resserre sur le côté droit. Relever sa robe des deux côtés et des deux mains, est de mauvais ton. Ce mode sans grâce ne peut se tolérer que momentanément, lorsque la boue est par trop forte.

Une chose importante dans les rues d'une grande ville, c'est de *s'effacer*, c'est-à-dire d'éviter de froisser les passans et d'en être froissé. Faute de cette attention vous vous exposeriez à paraître non seulement gauche et ridicule, mais encore à recevoir ou à donner des coups dangereux. On *s'efface* en se tournant de côté, en resserrant les bras, en saisissant du regard la ligne qu'il convient de prendre pour ne point heurter la personne qui vient à vous. Un peu d'habitude et de soin a bientôt rendu cette obligation familière.

S'effacer devient plus difficile lorsqu'on

est porteur d'un paquet ou d'un parapluie, principalement si celui-ci est ouvert. Il est nécessaire alors de l'abaisser ou de l'élever, ou de le ranger de côté, selon qu'il convient. Si l'on néglige ces précautions, on court risque de l'embarrasser dans ceux qui vont et qui viennent, de le voir tournoyer, et d'être jeté contre une voiture, ou contre quelqu'un qui se plaint vivement de votre malhonnêteté et de votre maladresse.

Si, n'ayant pas de parapluie, vous vous trouvez surpris par une averse, et qu'une personne qui en serait pourvue marchât dans la même direction, vous pouvez la prier de vous abriter; celle-ci doit accueillir votre demande avec beaucoup de politesse, s'informer du but de votre course, et offrir de vous y conduire, à moins que cela ne la détourne trop et qu'elle ne soit pressée; dans ce cas, elle vous présentera ses regrets de ne pouvoir vous accompagner aussi loin qu'elle le désirerait.

Ce que nous venons de dire prouve qu'une personne vraiment polie, n'attendra pas qu'on lui fasse cette demande, mais qu'elle s'empressera de la prévenir : cependant il faut observer si l'âge, le sexe, la mise, ne s'y opposent point, car quelquefois on pourrait être reçu avec humeur et dédain ; et si vous êtes dame, à moins que d'avoir un certain âge, il serait on ne peut plus inconvenant d'aborder un homme, qui, de son côté, ne doit jamais faire cette politesse ni aucune autre, aux femmes dont l'air et les manières immodestes annoncent de mauvaises mœurs. Il serait également déplacé de l'adresser aux gens de très basse classe ; mais si l'un d'eux la réclame, il faut l'accueillir avec aménité.

Une autre bienséance, usitée dans les rues, consiste dans la demande et l'indication des chemins. Si vous avez besoin que l'on vous rende ce service, vous saluez poliment, et dites d'un ton honnête :

Madame ou *Monsieur, telle rue, s'il vous plaît?* Vous devez avoir soin de donner toujours ce titre aux personnes auxquelles vous vous adressez, quand bien même elles seraient des commissionnaires ou des revendeuses de fruits. Et c'est précisément à eux que vous devez avoir recours, car, en s'adressant aux passans, on s'expose à rencontrer des gens étrangers comme soi au quartier, ou à en retenir qui sont pressées ; il est impoli, en outre, de déranger les marchands en magasin. L'indication donnée, on remercie en saluant. Les Parisiens sont justement renommés pour la politesse et la complaisance avec lesquelles ils montrent le chemin aux passans, et vous devez les imiter chaque fois que l'occasion s'en rencontrera. Si vous êtes homme, et qu'une dame ou une personne distinguée réclame votre assistance à cet égard, vous devez vous découvrir en lui répondant.

Ils est des gens grossiers et malicieux, qui se font un plaisir d'égarer les passans.

Il suffira de connaître une pareille malhonnêteté pour la mépriser comme on le doit.

Quant aux jeunes gens qui, prévenus de la fausse idée que les Parisiennes sont coquettes, faciles, et que d'ailleurs dans une grande ville tout leur est permis, qu'ils sachent bien qu'un homme qui ose (comme il arrive souvent) adresser des complimens déplacés aux dames, les suivre, écouter leur conversation, achever leur phrase commencée, est un modèle de grossièreté, l'objet de l'aversion des femmes et du mépris des honnêtes gens. Un jeune homme de bon ton ne doit pas même considérer de trop près une dame, ou bien il passe pour un impertinent qui regarde, dit-on, *les personnes sous le nez*.

C'est surtout lorsqu'il y a beaucoup de monde rassemblé sur un même point, que ces manans se livrent à leurs grossièretés, auxquelles ils donnent le surnom d'*exploits de foule*, d'abord parce qu'ils sont inaperçus, ensuite parce que les moins malhonnêtes d'entre eux pensent que la foule est hors du domaine de la bienséance. Cette opinion, partagée par quelques personnes, est une erreur. La politesse devient plus indispensable encore, à raison du rapprochement. Pourquoi les foules sont-elles ordinairement si désagréables, si dangereuses même. C'est qu'elles fourmillent de gens sans éducation, qui poussent brutalement leurs voisins, du poing et du coude; qui négligent de suivre le mouvement de va et vient, qui, à propos du moindre choc, élèvent de vives querelles, et, par leurs plaintes, leurs cris, leur continuelle agitation, rendent insupportable une situation qui sans cela, n'eût été que gênante.

Lorsqu'on rencontre dans la rue une personne de sa connaissance, on lui fait un salut en s'inclinant, et en se découvrant s'il y a lieu. Quelquefois il ne faut point s'en tenir à un simple salut, il faut aller à la personne et lui demander de ses nouvelles.

si on la voit habituellement. Pendant le tems qu'on lui parle, s'il y a lieu, et qu'elle soit une dame, un homme âgé et respectable, on se tient découvert; c'est à ceux-ci, qui voient combien cette politesse est fâcheuse en hiver, d'insister pour que leur interlocuteur mette son chapeau. C'est aussi à la personne la plus considérable des deux à prendre congé la première. Ainsi, dans une rencontre de ce genre, jamais un homme ne quitte une femme qu'elle ne lui ai dit adieu ; jamais une jeune personne ne se permet de le faire envers une dame mariée ou plus âgée.

Pendant cet entretien, qui doit être fort court, l'interlocuteur le moins considéré doit prendre le bas du pavé, afin d'éviter à la personne qu'il entretient le voisinage des voitures. Il serait souverainement ridicule d'entamer une longue conversation, et de retenir ainsi malgré elle la personne accostée. Si l'on se trouve avoir quelque chose de pressant à lui dire, on la priera de vouloir bien permettre qu'on ait l'honneur de l'accompagner. Nous ajouterons qu'à Paris un jeune homme doit éviter de s'approcher d'une demoiselle de sa connaissance, et cela afin de ménager la timidité naturelle à son sexe.

Lorsqu'on est avec une personne étrangère à celle que l'on rencontre, il faut se contenter de saluer cette dernière sans s'arrêter, car autrement on mettrait son compagnon dans une position désagréable. Cette civilité devient un devoir rigoureux si l'on se trouve dans la compagnie d'une dame. L'ancienne galanterie voulait qu'alors non seulement on ne s'arrêtât pas, mais encore qu'on ne saluât point une connaissance, un ami qui venait à passer; cela pour ne point forcer sa compagne à saluer un inconnu (car on doit saluer toutes les fois que la personne avec qui l'on est salue); mais cette pratique peut être modifiée. S'il s'agit d'un ami, d'un jeune homme, on se contente de lui faire un signe; mais s'il est question d'un vieillard, d'un personnage distingué, d'une autre dame, il faut les saluer en disant à sa compagne : *Je prends la liberté de saluer monsieur* ou *madame* N, et la compagne répond : *Je vous en prie, monsieur.*

Lorsqu'une personne de votre connaissance est à la fenêtre, et que vous êtes censé l'apercevoir, vous devez lui adresser un salut. Mais il faut éviter de lui parler de la rue, et de lui faire des signes, car c'est une habitude de mauvais ton.

Entrer dans un long entretien avec les gens communs et mal élevés qui font salon devant leur porte, c'est être presque aussi mal élevé qu'eux.

CHAPITRE II.

DES DIVERSES SORTES DE VISITES.

Les visites sont une très importante partie des relations sociales ; elles sont bien plus que de simples moyens de communication établis par la nécessité, puisqu'elles ont à la fois pour but le devoir, l'agrément, et qu'elles interviennent dans presque tous les actes de la vie.

On compte plusieurs sortes de visites, nous nous bornerons à énumérer les principales; quant à celles qui n'ont lieu que pour des circonstances particulières, on les trouvera indiquées dans le cours de l'ouvrage. Les premières sont les visites dites *du jour de l'an*, ensuite visites d'amitié et visites de cérémonie; nous ne parlerons pas des visites d'affaires: ce que nous avons dit en traitant de la bienséance relative aux différens états, nous dispense d'entrer dans de nouveaux détails.

Au renouvellement de chaque année, l'usage et le devoir recommandent de nous présenter chez nos parens d'abord, ensuite chez nos protecteurs, nos amis et ceux qui nous ont marqué de la bienveillance.

Ces visites se partagent en plusieurs

classes : celles de la veille ou de l'avant-veille, ce sont les plus polies ; du jour, ce sont les plus intimes et les plus honorables; par cartes, en se présentant ; par cartes, sans se présenter ; de la semaine, elles se font aux connaissances avec lesquelles on n'a pas de très étroites relations ; du mois, moins cérémonieuses, elles ont cependant beaucoup de froideur ; c'est à Paris surtout qu'on se les permet. Ce genre de visites exige beaucoup de toilette ; ce sont les plus courtes possibles ; une station d'un quart d'heure suffit ; c'est là principalement qu'il faut se retirer lorsqu'il survient d'autres personnes.

On serait ridicule de parler de vœux, de bonne année, dans des visites de cérémonie.

Je ne ferai mention de visites d'amitié que pour rappeler qu'elles défendent presque tout cérémonial. Elles se font à toute heure, sans apprêts, sans toilette ; une trop brillante parure y serait déplacée, et si les dispositions du reste de votre journée vous conduisent dans un tel costume chez un ami, vous devez affectueusement lui en donner l'explication. Si vous ne le trouvez pas au logis, ne laissez point de carte ; il pourrait s'étonner avec raison de cette inconvenante cérémonie. Bornez-vous à recommander aux domestiques de l'avertir que vous êtes venu : ne déposez une carte que dans le cas où ces derniers seraient absens ; alors la carte doit être roulée et mise dans la serrure. Il sera bon de ne pas tarder de revenir.

Avec un ami, un parent que l'on traite comme tel, on ne compte pas les visites. Celui qui a le plus de loisir se rend chez celui qui en a moins ; mais on ne doit pas abuser de ce privilége ; il faut rendre de tems en tems les visites d'amitié.

La visite de cérémonie, au contraire, ne se fait jamais sans compter, et même sans examiner quel intervalle on a mis à vous la rendre ; car il est urgent de laisser passer un intervalle semblable. On vous a par-là donné l'avis d'éloigner ou de rapprocher vos visites. Il est des gens que l'on va voir une fois par mois, d'autres, une fois chaque quinzaine, etc., d'autres, encore moins fréquemment.

Afin de ne point omettre de visites à rendre, ou éviter d'en faire par mégarde de nouvelles, lorsque la précédente n'a point été rendue, les personnes très répandues dans le monde feront bien d'en tenir une petite note à cet égard.

Pour faire convenablement des visites cérémonieuses, il importe de n'avoir aucune légère indisposition qui nuise momentanément à votre figure, à votre voix, qui embarrasse vos pensées, et rende votre société fatiguante, telle qu'une fluxion, un rhume, une petite migraine ; vous paraîtriez impoli et familier. Faites, au contraire, des visites d'amitié en pareille circonstance, vous n'en paraîtrez que plus aimable et plus empressé.

Prendre convenablement son tems, est aussi indispensable en visites qu'en toutes choses. On y parviendra en considérant les habitudes de la personne que l'on va voir; en s'arrangeant de manière à ne point arriver aux heures des repas, aux momens des occupations, des promenades connues. Cela varie nécessairement, mais ce que l'on peut indiquer comme un usage général, c'est le soin de ne faire les visites de cérémonie, ni avant midi ni après cinq heures. Agir différemment d'une part, ce serait se rendre importun en se présentant trop tôt, et d'autre part, troubler les projets qui pourraient avoir été faits pour la soirée.

Après avoir fait une toilette soignée, les visiteurs se munissent de cartes, c'est-à-dire de petits billets de carte ou de carton sur lequel leur nom est imprimé ou bien écrit. Les messieurs mettent simplement leurs cartes dans la poche, mais les dames les renferment dans une sorte de petit portefeuille élégant appelé *carnet de visites*. Elles le tiennent à la main, et cela contribue, avec l'élégant mouchoir de batiste brodé, que l'on porte en cette occasion, à donner un air de bon goût.

Nous allons faire ici une digression sur les cartes : il n'était pas mal autrefois de prendre les cartes d'un jeu réformé, de les couper transversalement en trois parties, et d'écrire son nom dessus; c'est maintenant une chose ridicule qui ne se voit plus qu'en province, où quelquefois aussi on imagine de remplacer ces cartes improvisées par de petits morceaux de papier fort. Après ces cartes-là, viennent celles en léger carton, uni, doré sur tranches, gauffré, mais destinées à recevoir le nom écrit. Ces cartes conviennent aux très jeunes gens, aux très jeunes personnes ; elles peuvent être tolérées pour les visites de demi-cérémonie. Après elles viennent les cartes lithographiées, puis imprimées, puis gravées : ce sont les plus ordinaires.

Depuis ces dernières années, une élégante industrie s'est beaucoup exercée sur les cartes de visites : quelques-unes de ses tentatives ont été rejetées, mais les cartes de *papier-bois* demeurent encore, et les cartes sur *papier-porcelaine* sont presque généralement admises. Quant aux *cartes peintes*, espèce de joli tableau sur feuilles de fort vélin, entouré d'une guirlande à jour, et d'une large vignette coloriée, au verso duquel on met le nom écrit à la main, elles sont encore assez rares. C'est d'ailleurs une fantaisie opulente; car parfois une de ces cartes coûte de quinze à vingt-cinq francs.

Nous ne nous en occuperons que pour dire qu'il serait fort déplacé de donner de telles cartes chez des personnes de condition médiocre : remarque qui peut s'appliquer d'ailleurs à toutes les cartes très élégantes. Il est bien de les assortir aux habitudes des personnes que l'on va voir.

Il est bon d'observer que les cartes offrant

des guirlandes, des couleurs rose, bleu céleste, etc., ne conviennent point aux hommes, ni aux dames d'un âge mûr, à raison de l'esprit de recherche qu'elles semblent révéler.

Le titre d'état doit se trouver au-dessous du nom, et, dans les grandes villes, l'adresse au bas de la carte et en plus petits caractères. Le titre du rang se met avant le nom : *le comte de ;* l'on ne met point *Monsieur ;* quand il n'y a point de titre le nom s'écrit tout court : les noms de dame seuls font exception ; on met sur la carte *Madame telle.* Seulement quand les cartes servent pour le mari et la femme, on met *Madame et Monsieur N.* Il faut d'ailleurs que l'un comme l'autre ait des cartes individuelles pour les visites à faire séparément. Les cartes de deuil sont entourées d'une bande noire ; celles de petit deuil sont d'un gris clair. Après les grands deuils de famille, les cartes se font souvent collectives.

Lorsqu'on doit partir, l'on ajoute au

crayon, au bas de la carte, ces lettres *p. p. c.*, ce qui signifie, *pour prendre congé*.

Les personnes très distinguées, ayant des devoirs impérieux et de grandes relations, sont dans l'usage d'envoyer des cartes par leurs domestiques. Alors elles ont soin, lorsqu'elles viennent elles-mêmes, de mettre au bas de la carte, *e. p.*, c'est-à-dire, *en personne*. Mais, à moins qu'une haute position ne prescrive ou ne justifie un tel soin, il deviendrait un ridicule ineffaçable.

Il est de mauvais ton de conserver après la bordure d'une glace les cartes de visite que vous avez pu recevoir; cet étalage annonce que vous voulez faire parade des noms distingués qui s'y rencontrent. A l'époque du premier de l'an, ou de toute autre circonstance qui multiplie les visiteurs chez vous (telle qu'un enterrement, un mariage), comme vous êtes obligé de rendre ces nombreuses visites, il est tout simple que vous gardiez les cartes, qui vous tiennent lieu de liste, et que vous les mettiez dans un endroit apparent ; mais si, dans le cours de l'année, on voit constamment votre glace hérissée de cartes jaunies, on l'attribuera sans nul doute à un amour-propre mal entendu. Revenons à nos visiteurs.

S'ils sont en équipage, leur domestique demandera si la personne que l'on désire voir est chez elle. S'ils sont en voiture de place ou bien à pied, ils vont eux-mêmes interroger les domestiques. Ceux-ci doivent être considérés comme des soldats en consigne ; s'ils répondent que la personne est sortie, on doit se garder d'insister, quand l'on serait certain du contraire ; et même si le hasard la faisait apercevoir, il faudrait feindre de ne point l'avoir vue, déposer sa carte et se retirer.

Lorsqu'un domestique répond que la personne est souffrante, qu'elle est en affaire ou à dîner, on agit de la même manière.

On donne autant de cartes qu'il y a de personnes à voir dans la maison, par exemple, une pour le mari, une pour son épouse, une autre pour une tante, etc.

Si l'on est introduit, on pose dans l'antichambre ses socques, son parapluie, son manteau, etc. ; les dames même quittent ce vêtement dans les maisons très distinguées. En province, on le garde communément. On se fait ensuite annoncer par un domestique, si c'est l'usage de la maison, ou du moins on attend que sans vous annoncer, il vous ouvre la porte de l'appartement. En cas d'absence des domestiques, vous n'entrez pas immédiatement, mais vous frappez légèrement avec le doigt, et vous attendez que l'on ouvre, ou que l'on dise d'entrer. Si l'on ne fait ni l'un ni l'autre, vous ouvrez lentement et doucement la porte. Si vous ne trouvez personne vous n'avez garde de chercher de côté et d'autre, d'ouvrir d'autres portes, de passer dans une autre chambre intérieure ; vous revenez tout de suite sur vos pas, vous retournez dans l'antichambre attendre qu'il vienne quelqu'un pour vous introduire. Si votre attente se prolongeait trop, vous laisseriez votre carte sur un meuble ou chez le concierge. Ces cas se présentent fort rarement ; mais il est bon de tout prévoir, pour n'être point pris au dépourvu.

Admis, un monsieur se présente le chapeau à la main, et s'avançant vers la personne, la salue avec grâce et respect. Dès qu'il lui voit faire le mouvement de chercher un siége pour le lui offrir, il s'empresse d'aller le prendre lui-même, (une chaise ordinairement) ; il le place du côté de la porte d'entrée, et à quelque distance de la personne, à laquelle il laisse ainsi ce qu'on appelait le *haut bout*. Il ne s'assied que lorsqu'elle est assise, et tenant son chapeau sur ses genoux, ne se balance point, ne s'enfonce point sur sa chaise, mais garde un maintien aisé, honnête et décent. Il serait familier et de mauvais ton de se débarrasser de son chapeau, de sa canne, avant que le maître ou surtout la maîtresse de la maison ne vous ait invité à le faire. Encore il est bien de présenter quelque résistance, et de ne céder qu'à la seconde ou troisième sommation. On ne place pas indifféremment son chapeau en le quittant; le mettre sur un lit est une incivilité. Le lit, qui dans les tems antiques était regardé comme un sanctuaire, ne doit être ni touché ni approché par un homme. Le chapeau se place de préférence sur le bas d'une console, d'un guéridon. Beaucoup de personnes de très bon ton le mettent sur le parquet; ce que la maîtresse de maison ne doit point souffrir. Elle n'engage d'ailleurs à se débarrasser de leur chapeau que les gens qu'elle veut traiter avec quelque familiarité, et cela se fait peu dans les visites de pure cérémonie.

Ces conseils regardent aussi les dames. Depuis une vingtaine d'années elles ont pris l'habitude de quitter leur chapeau et leur schall; mais cela suppose assez d'intimité pour qu'elles s'en abstiennent chez des personnes peu connues. Si on les y engage elles refusent. Le peu d'instans destiné à une visite cérémonieuse, la nécessité de consulter une glace en remettant sa coiffure, d'être aidée en remettant son schall, s'opposent à ce qu'elles acceptent l'invitation. Si elles sont un peu liées avec la personne qu'elles visitent, et qu'elles désirent se débarrasser, elles en demandent la permission, que l'on accorde en se levant pour les aider à quitter chapeau et schall. Un fauteuil, un meuble éloigné doit recevoir ces objets; ils ne peuvent être placés sur le lit que lorsque la maîtresse de la maison les y met elle-même. Chez quelqu'un que l'on voit habituellement, on les quitte sans dire un mot, et même on peut rajuster ses cheveux et son fichu devant une glace, pourvu que ce ne soit que très peu d'instans.

Si celui auquel vous faites visite se prépare à sortir ou à se mettre à table, vous devez, bien qu'il cherche à vous retenir, vous retirer le plus tôt possible. La personne visitée à contre-tems doit, de son côté assez prendre sur elle-même pour ne pas laisser apercevoir un désir trop prononcé que la visite se termine promptement.

On doit toujours avoir l'air charmé de recevoir un visiteur, et lorsqu'en ces circonstances il vous quitte rapidement, il faut lui en témoigner du regret.

Les visites de cérémonie doivent être courtes; si la conversation se trouve interrompue sans être reprise par la personne que vous êtes venu voir; si elle se lève sous un prétexte quelconque, l'usage exige que l'on salue et que l'on se retire.

Si, avant cette invitation tacite de prendre congé, on annonce d'autres visiteurs, vous devez vous esquiver sans rien dire. Dans le cas où le maître de la maison irait à vous pour vous engager à rester davantage, pour vous reconduire, vous lui répondriez brièvement qu'une affaire indispensable vous appelle, et vous le prieriez avec instance de ne pas faire attention à vous. Vous termineriez en fermant vivement la porte.

Si, en entrant, vous avez trouvé des personnes étrangères, une conversation engagée, contentez-vous du peu de mots que vous adresseront le maître ou la maîtresse de la maison; ne restez que quelques instans, faites un salut général, et conduisez-vous comme précédemment.

Lorsque vous avez vu quelque part les nouveaux arrivans, ils se joignent quelquefois à la personne visitée pour se récrier sur votre disparition. Répondez-leur quelque chose de poli, de flatteur même, mais n'en persistez pas moins à vouloir vous retirer.

Si on apporte devant vous une lettre à la personne chez qui vous êtes, elle la posera sans l'ouvrir : vous la prierez d'en prendre connaissance ; elle n'en fera rien, et cet incident vous engagera à rendre plus courte votre visite.

Lorsque, dans une visite de demi-cérémonie, on insiste vivement pour que vous restiez, il convient de céder, mais de se lever ensuite peu d'instans après : si l'on insiste encore en vous prenant les mains, en vous faisant rasseoir de force, vouloir vous retirer serait impoli; mais il faut néanmoins vous lever à peu d'intervalle une troisième fois, et vous retirer définitivement à celle-là.

Si, dans le cours de la visite, il entre une personne de la famille, vous ne vous éloignez point pour cela, vous vous contentez de saluer en vous levant. Si la personne est une dame, vous ne vous asseyez pas qu'elle ne soit assise; si c'est un homme, vous pouvez obtempérer à l'invitation faite de vous asseoir, pendant qu'il demeure debout.

Si votre visite est collective, il est quelques points à observer, relativement à vos compagnons. En montant l'escalier, il est rigoureusement d'usage de céder le pas aux personnes auxquelles on doit le respect, et de leur laisser le côté le plus commode qui est celui du mur. N'oubliez pas surtout cette dernière précaution si vous accompagnez une dame; un homme honnête doit encore lui présenter le bras. Quand il s'en trouve plusieurs, l'honneur est dû à la plus âgée.

Si vous rencontrez quelqu'un sur l'escalier, rangez-vous du côté opposé à celui qu'il tient.

Il serait ennuyeux et déplacé de faire d'éternelles cérémonies, pour savoir qui doit entrer et être annoncé le premier; le pas est dû aux dames, puis ensuite à l'âge, à la qualité.

Quand plusieurs dames à peu près égales par l'âge ou le rang sont ensemble, les difficultés pour le pas ne doivent pas être prolongées : seulement s'il y a plusieurs salons à traverser, et qu'on soit passé le premier à la première porte, il convient de passer la dernière à la porte suivante. Dans tous les cas, les jeunes demoiselles cèdent le pas aux dames veuves ou mariées.

L'instant où l'on prend congé doit être également marqué par les dames, les personnes âgées ou considérables. Ce serait être impoli que de vouloir se retirer avant qu'elles en eussent donné le signal. Nous ajouterons qu'il est inconvenant d'aller plus de trois ou quatre ensemble.

Les personnes qui tiennent un grand ton se font accompagner jusque dans l'antichambre par un ou deux laquais qu'elles retrouvent en sortant.

Amener des enfans, des chiens avec soi dans une visite de cérémonie, est tout-à-fait commun et provincial. Dans les visites demi-cérémonieuses même, il faut laisser son chien dans l'antichambre, ainsi que la bonne qui tient le nourrisson, car cette circonstance seule excuse une pareille suite. Quant aux animaux, il vaut mille fois mieux n'en pas avoir.

On reproche avec raison aux habitans de la province de prodiguer les révérences, les formules consacrées pour aborder les gens, ou pour prendre congé d'eux. Cette habitude que peut faire contracter l'embarras ou trop de bienveillance, est extrêmement ridicule. N'est-il pas difficile de conserver son sérieux, lorsqu'on voit un visiteur saluer tous les meubles, se retourner vingt fois lorsque vous le conduisez, et faire à chaque station une triple salve de saluts et d'adieux? Nos lecteurs se garderont bien de cette singulière politesse; ils salueront une première fois, au moment de prendre congé, et une seconde fois, au moment où la personne qui les reconduit sera arrêtée sur la porte.

Nous avons dit plus haut que lorsqu'on ne trouve pas les personnes chez elles, ou que l'on craint de les déranger, on laisse une carte; mais ce n'est point là ce qu'on appelle *visites par cartes* spécialement. Dans ces dernières visites, on n'a point pour but de voir les personnes, puisqu'on ne les demande pas, et que l'on se borne à donner sa carte au concierge ou au domestique. Cet usage, qui a dû s'introduire forcément chez les personnes très répandues dans le monde, et principalement aux époques où chacun doit se visiter, comme au jour de l'an, cet usage jusque-là n'est point ridicule, mais il le devient à l'excès par l'extension qu'on lui a donnée depuis quelque tems. Cette extension consiste à faire la visite sans quitter son appartement, c'est-à-dire à envoyer tout simplement sa carte par un domestique, ou bien par le ministère d'une administration établie à cet effet. Ce développement des visites par cartes semble aux gens de bonne compagnie la chose la plus impertinente et la plus triviale qui se puisse imaginer. Vous ne vous la permettrez donc que lorsqu'il s'agira de rendre des visites faites par cette voie, et vous n'userez ainsi de représailles que pour empêcher ces visiteurs mal avisés de penser que vous leur faites des prévenances.

Dans les ouvrages consacrés à l'enseignement des lois de la bienséance, on ne songe jamais qu'à la fortune, à l'aisance ; on met totalement en oubli les gens d'une condition plus modeste, et lorsqu'on se trouve en rapport avec eux, on se récrie sur leur impolitesse. C'est une injustice et un mauvais calcul selon moi. Injustice, parce que la véritable politesse tient moins au rang qu'à la droiture de l'esprit, qu'à la bonté du cœur; mauvais calcul, car refuser d'initier les gens à ce qui rend les rapports sociaux faciles, agréables, c'est se préparer des froissemens et des ennuis; c'est ensuite retarder autant qu'il est en soi l'habitude des formes de la civilisation.

Méprisant donc ce sot dédain, nous applaudirons aux soins prévoyans des personnes peu aisées qui, n'ayant ni portier, ni domestique, encadrent à leur porte une plaque d'ardoise surmontée d'un crayon, afin qu'en leur absence les visiteurs puissent écrire leur nom, car ces visiteurs-là sont rarement des porteurs de cartes. Nous applaudirons aux soins bienveillans des personnes dont l'escalier n'est pas éclairé, ou dont l'appartement est placé très haut, et qui déposent chez le concierge un bougeoir que chaque arrivant prend pour monter, et remet ensuite en descendant.

Si quelques-uns de nos riches lecteurs étaient tentés de sourire à l'énoncé de ces bourgeoises précautions, nous leur rappellerions qu'ils sont complètement étrangers à l'esprit de la bienséance dont elles sont un exemple touchant.

Cette digression nous conduit naturellement à la seconde partie de notre tâche relative aux visites, concernant les devoirs qu'impose la politesse pour les recevoir.

car il n'est pas moins important de bien accueillir les gens que de bien se présenter chez eux.

Avant de passer à ce sujet important, il semblerait que je dusse compléter ce qui me reste à dire sur les visites, par l'indication de celles d'audience, de félicitations, de condoléances et de digestion; mais sauf les premières, auxquelles je vais consacrer quelques mots, les détails de toutes les autres se trouveront dans les chapitres destinés à la conversation, aux formalités des repas, du deuil, etc.

On ne se rend point simplement chez les ministres, les chefs d'administration publique et les personnes très distinguées; il faut, auparavant, leur avoir demandé par écrit un rendez-vous, et spécifier le but de votre visite. On va chez elles à l'heure marquée: on s'abstient de s'informer de leur santé, et l'on observe strictement les obligations du décorum. Ces visites, qui sont l'apogée de la cérémonie, doivent nécessairement être fort courtes.

On verra, au chapitre de la *Bienséance épistolaire*, quels sont les titres à donner à ces personnages importans. Il est bon de se munir de sa lettre d'admission, pour, en cas de besoin, la montrer au suisse.

CHAPITRE III.

DE LA MANIÈRE DE RECEVOIR.

Recevoir avec aisance et noblesse, faire en sorte que tout en vous, autour de vous respire la bienséance et l'agrément; tâcher que les gens vous quittent toujours satisfaits et pleins du désir de revenir, telles sont les obligations d'un maître, et surtout d'une maîtresse de maison.

Tout, dans l'appartement, doit, autant que possible, offrir le confort anglais et la grâce française. Un ordre parfait, une exquise propreté, une élégance qui se passe bien d'être somptueuse, doivent distinguer l'entrée du logis, l'ameublement et la mise de la dame du lieu.

Dans une maison où il y a de l'aisance, il doit indispensablement se trouver un salon, car il est gênant et de mauvais ton de recevoir à demeure dans une chambre à coucher. Cela convient pour les visites; mais il devient presque ridicule lorsque, après le dîner, il faut passer dans cette chambre pour prendre le café, lorsque vous recevez une assemblée un peu nombreuse, etc. Cet usage n'est guère déjà plus adopté qu'en province et chez les personnes qui ne se piquent pas de bon ton.

Recevoir dans une salle à manger, n'est permis que chez celles qui ne peuvent faire les frais du mobilier d'une chambre ou d'un salon. La simplicité, admise dans une pièce de ce genre, convenant à l'exiguité de leurs moyens, nous n'avons qu'à les approuver, en plaignant toutefois les désagrémens auxquels les oblige cette résidence. Mais nous avons, à cet égard, une défense expresse à faire aux gens qui s'y résignent sans nécessité, car il est totalement opposé aux usages reçus dans la bonne compagnie, de se tenir dans un endroit que l'on ne peut orner, où l'on ne peut placer des fauteuils, une cheminée, une glace, une pendule, toutes choses utiles aux personnes qui viennent vous voir; où l'on est exposé à recevoir vingt visites pendant le dîner, à voir déranger autant de fois l'heure de se mettre à table, puisqu'il est impossible de dresser le couvert tant que demeurent les étrangers; enfin à les rendre témoins des soins domestiques pour enlever les débris du repas, le linge, la vaisselle, etc.

Les jeunes mères de famille qui veulent avoir près d'elles leurs enfans (hôtes dangereux dans un salon, comme chacun sait), pensent pouvoir séjourner dans la salle à manger, en faisant passer les visiteurs dans une pièce voisine. Pour que cette mesure soit sans inconvénient, il faut observer trois choses : la première, c'est que les étrangers soient admis dans cette pièce avant de voir la maîtresse de la maison, parce qu'ils ne manqueraient pas de faire des difficultés, de dire qu'ils ne veulent point la déranger; la seconde, c'est qu'elle soit constamment chauffée en hiver; la troisième enfin qu'en été elle soit exactement disposée comme une chambre habitée, car rien n'est de plus mauvais genre que de conduire les gens dans un appartement qui semble à louer.

A moins d'impuissance absolue, vous devez faire éclairer votre escalier. Si les habitudes de bonne économie domestique, réglées par les besoins de la civilisation, étaient plus généralement répandues, un escalier non éclairé ne se trouverait bientôt plus.

Après avoir ainsi jeté un rapide coup-d'œil dans l'intérieur de la maison, voyons de quelle manière il faut recevoir.

Dès que l'on voit entrer quelqu'un, annoncé ou non, on se lève vivement, on va vers lui, on l'engage à s'asseoir, en évitant la vieille formule: *Donnez-vous la peine de vous asseoir*. Si c'est un jeune homme, on lui offre un fauteuil, une chaise rembourrée; un vieillard, on insiste pour qu'il accepte le fauteuil; une dame, on la prie de s'asseoir sur l'ottomane. Si c'est le maître de la maison qui reçoit, il prendra une chaise et s'assiéra à peu de distance de ce meuble; si, au contraire, c'est la maîtresse et qu'elle soit intime avec la dame qui la visite, elle se mettra auprès d'elle. Si plusieurs dames viennent à la fois, c'est la plus distinguée par son rang à qui l'on donne cette place.

Jamais un homme bien appris ne se met sur une ottomane ou sur un divan devant une dame; encore moins sur ce meuble auprès d'elle, car en ce cas ce serait plus qu'une grossièreté ; ce serait une inconvenance. Lorsqu'il y est auprès du maître de la maison, et que la femme de celui-ci vient les trouver, ils doivent se lever tous deux et lui céder la place, qu'elle accepte comme chose due, en les engageant à s'asseoir.

En hiver, les places les plus honorables sont celles du coin de la cheminée : à mesure qu'elles vous mettent en face du feu, elles sont réputées inférieures. Aussi, lorsqu'il survient une dame respectable, une personne à laquelle on désire faire honneur, on la prend par la main et on la conduit à la place du coin. Si cette place est occupée par une jeune femme, elle doit se lever et l'offrir à la personne âgée qui arrive, en prenant pour elle-même une chaise au milieu du cercle.

Une maîtresse de maison doit veiller avec sollicitude à ce que l'on n'éprouve aucune gêne chez elle : en conséquence, elle aura soin de présenter des écrans aux dames placées en face de la cheminée : elle leur avancera sous les pieds des tabourets ou mieux des coussins et jamais de chaufferettes. Si elle est seule avec une connaissance intime, elle la priera de partager le sien, mais elle ne fera jamais cette politesse à un homme.

S'il se trouve une porte ou une fenêtre ouverte dans l'appartement pendant l'été, il faut demander aux visiteurs si cela ne les incommode pas.

Lorsqu'une dame qui reçoit une visite de demi-cérémonie travaille à l'aiguille, elle doit quitter son ouvrage avec empressement, et ne le reprendre qu'après l'invitation du visiteur. S'il est plus intime, elle lui demande elle-même la permission de continuer. Si la personne vient tout-à-fait en cérémonie, il serait très impoli de travailler même un instant. Au reste, même avec ses amis, on ne doit qu'à peine s'occuper de son ouvrage, et paraître l'oublier pour eux.

A mesure qu'il entre un nouveau-venu, le maître ou la maîtresse du logis se lève, et les personnes déjà reçues sont obligées de l'imiter. Quelques-unes s'éloignent alors : en ce cas, si le maître et la maîtresse ont avec eux quelques personnes de leur famille, après avoir conduit jusqu'à la porte ceux qui sortent, ils engagent un de leurs parens à les remplacer. Dans le cas contraire, il faut nécessairement opter entre les gens qui demeurent et ceux qui font retraite. Si ces derniers l'emportent sur les autres par le rang, l'âge ou la considération, il faut leur donner la préférence et *vice versa*. Cependant quelque respectable que soit la personne qui part, on est dispensé alors de la conduire plus loin que la porte de l'appartement.

La manière dont on reconduit ordinairement les visiteurs est réglée d'une manière invariable. Si c'est une dame qu'il faille accompagner, le maître de la maison lui prend la main, la passe sous son bras, et guide ainsi la dame jusqu'au bas de l'escalier, à moins que les degrés soient tellement étroits qu'on ne puisse aller deux de front. Il n'est plus d'usage de donner la main aux dames, mais de leur offrir le bras.

Ce nouvel usage ne change rien à l'ancienne bienséance qui veut que l'on donne en descendant un escalier, le côté de la muraille à la dame qu'on accompagne : communément on lui présente le bras droit, mais à condition que la nécessité d'éviter de la placer vers la rampe, ne commande d'offrir le bras gauche. Si elle doit s'en retourner en voiture on l'aidera poliment à y monter.

En province, on reconduit ainsi tous ou presque tous les visiteurs, jusqu'à la porte de la rue, à moins que ceux-ci ne soient des messieurs et qu'ils aient visité une dame. Celle-ci doit alors les accompagner comme on le fait habituellement à Paris, c'est-à-dire jusqu'à l'entrée de l'appartement, ou jusqu'au palier. Les parisiens ajoutent à cet usage une aimable civilité : ils maintiennent la porte ouverte, et debout sur le seuil ou sur le bord de l'escalier, ils suivent des yeux la personne jusqu'à ce qu'elle se soit retournée pour leur faire le dernier salut d'adieu, ou pour les prier de rentrer.

On ne pratique plus cette franche et bonne hospitalité de province, en vertu de laquelle, même au fort de l'hiver, on engageait les gens à se *rafraîchir* avec de très solides comestibles. Une telle proposition exciterait aujourd'hui la risée. On n'offre aux visiteurs que dans trois circonstances. 1° Pendant les grandes chaleurs, on invite à prendre un verre de sirop, un verre d'eau à la glace. 2° Si quelqu'un fait une lecture, on lui fait apporter un *verre d'eau sucrée*, c'est-à-dire le petit meuble auquel on a donné ce nom. 3° On propose de l'eau de fleur d'orange à une dame qui se trouve subitement indisposée. Ces cas exceptés, on ne fait aucune proposition de ce genre. Si quelqu'un désire se rafraîchir, il prie la maîtresse de la maison de vouloir bien lui permettre de sonner. D'après l'affirmative, il demande au domestique qui se présente ce dont il a besoin.

CHAPITRE IV.

DU MAINTIEN.

Le maintien paraît chose si simple, si usuelle, si facile, que sans doute en voyant ce titre, bien des lecteurs croiront que j'ai dessein de les renvoyer à la *Civilité puérile et honnête*. Mais s'ils se donnent la peine de réfléchir aux nombreuses infractions dont ils sont témoins chaque jour contre la bienséance du maintien; s'ils remémorent tant de tics bizarres, tant de gestes ridicules, tant d'attitudes prétentieuses, tant de regards affectés, tant de grossiers mouvemens; s'ils se rappellent que le maintien doit être en parfaite harmonie avec la situation, l'âge, l'esprit, le sexe, et comme le dernier trait de la physionomie; s'ils pensent aux préventions défavorables que fait naître un maintien dédaigneux, immodeste ou trivial, ils comprendront ma sollicitude à cet égard.

Il est impossible sans doute de signaler toutes les fautes contre le maintien. Ce volume n'y suffirait pas : il faut se borner à désigner les principales.

Regarder fixement les gens, surtout si l'on est femme et que l'on parle à un homme, tourner fréquemment la tête de côté et d'autre pendant la conversation; se balancer sur son siége : se courber en avant; abaisser les bras sur ses genoux; embrasser l'un d'eux avec les mains jointes; croiser les jambes; avancer les pieds sur les chenets; se regarder avec complaisance dans une glace; rajuster prétentieusement sa cravate, sa chevelure, sa robe, son fichu; rester sans gants; plier minutieusement son schall, au lieu de le mettre avec une gracieuse négligence sur un meuble; s'inquiéter trop du chapeau que l'on vient de quitter; rire à gorge déployée; avancer la main sur son interlocuteur, le prendre par les boutons, le collet de son habit, la manche, la ceinture, etc.; prendre les dames par la taille, ou leur toucher le genou; rouler les yeux, les lever au ciel avec affectation; prendre du tabac dans la boîte de son voisin, en offrir à des étrangers, surtout à des dames; faire jouer continuellement les breloques de sa montre, une chaîne, un éventail; battre la mesure avec les pieds et les mains; faire pirouetter une chaise; secouer avec les pieds celle de son voisin; se caresser le visage, se frotter continuellement les mains; cligner des yeux; lever les épaules; frapper du pied, etc. : toutes ces mauvaises habitudes, dont il ne faut d'ailleurs jamais parler aux gens, fatiguent ceux qui en sont témoins, et leur déplaisent souverainement.

Le maintien est expressif comme l'accent, plus que lui peut-être, parce qu'il est plus continuel ; il révèle à l'observateur toutes les nuances du caractère ; on doit donc bien éviter de faire ainsi sa confession générale par des minauderies, une tenue prétentieuse, des airs moqueurs, des mouvemens brusques, une contenance hardie, des signes impertinens et protecteurs, des sourires mignards, des gestes de bouffon, une pose nonchalante et voluptueuse, un maintien rempli de pruderie et de raideur.

Les jeunes demoiselles, les très jeunes gens, les personnes peu habituées au monde, doivent être en garde contre l'excessive timidité, car non-seulement elle paralyse leurs moyens, les rend gauches, leur donne l'air presque niais, mais encore peut les faire accuser d'orgueil par les gens qui ne savent point que l'embarras prend souvent les formes du dédain. Combien de fois les personnes timides ne saluent pas, répondent bas ou mal, omettent mille petits devoirs de société, manquent à mille attentions aimables, faute d'oser? Ces attentions, ces devoirs, ils s'en acquittent *in petto*, mais qui peut leur en savoir gré? Un convenable aplomb, ne dégénérant point en assurance, encore moins en audace, en familiarité, est donc une des qualités les plus désirables dans le monde. Pour l'obtenir, il faut observer le ton, les manières des personnes polies et bienveillantes, les prendre pour guides, et, sous leur direction, faire de continuels efforts pour vaincre sa timidité.

La convenance du maintien est surtout indispensable aux dames. C'est au maintien que, dans une promenade, un bal, une assemblée, les gens qui ne peuvent les entretenir, jugent de leur mérite et de leur bonne éducation. Que de danseurs s'éloignent, que de personnes sensées sourient de pitié, à l'aspect d'une belle femme qui minaude, joue la grâce, penche le cou avec afféterie, semble s'admirer sans cesse et inviter les autres à l'admirer. Qui jamais s'avisa de lier conversation avec une dame immobile, raide et compassée, alongeant la figure, serrant les lèvres, et portant en arrière ses coudes collés à ses flancs?

La démarche d'une femme ne doit être ni trop vive ni trop lente; le pas le plus facile et le plus commode est celui qui fatigue le moins et qui plaît davantage. Le corps et la tête doivent être droits sans affectation et sans fierté, les mouvemens, surtout ceux des bras, aisés et naturels. Le regard doit être doux et modeste.

Il n'est pas de bon ton qu'une femme parle avec trop de vivacité ni trop haut. Quand elle est assise, elle ne doit ni croiser les jambes, ni prendre une attitude triviale. Elle doit occuper presque tout son siége, et ne paraître ni trop remuante, ni trop immobile. Il est tout-à-fait déplacé qu'elle se drape en s'asseyant, ou qu'elle étale largement sa robe autour d'elle, comme font les parvenues pour éviter le moindre faux pli.

Mais ce qui est surtout insupportable chez le sexe, c'est un air inquiet, hardi, impérieux; car cet air est contre nature, il n'est permis dans aucun cas. Quand une femme a des soucis, qu'elle les cache au monde, ou n'y vienne pas. Quel que soit son mérite, qu'elle n'oublie pas qu'elle peut être homme par la supériorité de son esprit, par la force de sa volonté, mais qu'à l'extérieur elle doit être femme! Elle doit présenter cet être fait pour plaire, pour aimer, chercher un appui, cet être différent de l'homme et si ressemblant à l'ange. Un aspect affectueux, liant et presque timide, une tendre sollicitude pour ceux qui sont autour d'elle, doivent se montrer dans toute sa personne. Sa physionomie doit respirer l'espérance, la douceur et la satisfaction; l'abattement, le souci et l'humeur en doivent être constamment bannis.

Avant d'abandonner un sujet si fécond, je signalerai à mes lecteurs deux modèles de mauvaise contenance. L'un est un fashionable, la tête raide, l'air emprunté, le jarret tendu, tremblant de déranger la symétrie de sa cravate, de faire grimacer son pantalon, sa manche ou le collet de son habit. L'autre est un lourd personnage, les pieds rapprochés et posés sur le barreau de sa chaise, les mains écartées sur les genoux, les épaules affaissées, la bouche à demi béante. Entre ces deux caricatures, il est encore beaucoup de nuances ridicules dont nous abandonnons l'appréciation à la sagacité du lecteur. Nous allons maintenant traiter des instructions relatives à la conversation.

Elles sont tellement importantes, que nous croyons devoir les diviser en deux parties, savoir : *bienséances matérielles, bienséances morales.*

~~~~~~

CHAPITRE V.

DES BIENSÉANCES MATÉRIELLES DE LA CONVERSATION.

Cette première division comprendra les soins physiques des organes de la conversation, les mouvemens, la manière d'écouter, la prononciation et la pureté du discours sous le rapport grammatical.

§ Ier.

Soins physiques de la conversation.

La conversation est le principal pour ne pas dire le seul moyen de plaire et de réussir dans le monde. Comment se fait-il donc que tant de gens conversent sans s'inquiéter du ridicule pour eux, de l'ennui pour leurs auditeurs? sans examiner s'ils n'ont pas quelques dispositions physiques qui mettent plus ou moins d'obstacles à l'art de bien converser? sans chercher les moyens de corriger ces dispositions?

Nous signalerons quelques défauts et les moyens d'y remédier. Il est essentiel de prendre bien garde, en parlant, de porter trop la langue au bord des lèvres. Cette mauvaise habitude a plusieurs graves inconvéniens : elle occasione une espèce de sifflement désagréable produit par le contact immédiat de cet organe avec les dents qu'il dépasse; elle embarrasse la prononciation; elle vous expose à lancer la salive au dehors (1). Lorsque cette fâcheuse habitude ou le trop grand développement de la langue renouvellent ces accidens, vous devez vous attacher avec soin à porter tour à tour l'organe malencontreux sur la face interne de l'une ou de l'autre gencive. Quant au défaut opposé, à la dis-

---

(1) Quand cet accident arrive à quelqu'un, il faut ne pas paraître s'en apercevoir.

position au bégaiement à raison du peu de volume de la langue, il faut s'exercer souvent lorsqu'on est seul à prononcer distinctement. Déclamer, s'exercer sur les mots qui présentent le plus de difficultés, est un exercice très salutaire.

Il est des personnes chez qui la salive est tellement abondante, qu'elle rend la prononciation difficile. Elles doivent s'accoutumer à l'avaler avant de commencer à prendre la parole.

La politesse, d'accord avec l'hygiène, exigent que les dents soient parfaitement entretenues. Une denture jaunie, malpropre, qui répand de l'odeur, ne permettra jamais que l'on soit sensible à la grâce, à l'éloquence même de vos discours. Les arrêts du dégoût sont sans appel.

Certaines personnes pourvues de belles dents ont la fatuité pitoyable de les montrer en parlant; cette vanité ridicule excite la risée, et nuit d'ailleurs à la physionomie:

il ne faut découvrir les dents que le moins possible, mais toujours sans affectation.

Se servir d'un cure-dent en parlant, porter les doigts à ses gencives, tenir une fleur entre ses dents, sont des habitudes de mauvais ton.

Ouvrir démesurément la bouche lorsqu'on parle, lorsque surtout on fait une exclamation d'admiration ou de surprise ; porter la bouche de côté pour se donner l'air original ; la resserrer pour se la rendre petite ; rire aux éclats d'une manière niaise et bruyante ; imprimer à ses lèvres un tremblement, des mouvemens convulsifs lorsqu'on raconte ou lit quelque chose de sombre et de terrible ; souffler fortement dans le visage de la personne que l'on entretient, c'est tout à la fois défauts choquans et grimaces insupportables.

§ II.

Des gestes.

Faire de la pantomime à chaque mot,

ne se peut guère plus tolérer. Les grands gestes, les gestes multipliés, qui ne s'accordent point avec le discours; les signes mystérieux accompagnant l'énoncé de la chose la plus simple; les gestes brusques, dans une conversation amicale; les gestes mignards dans une conversation sérieuse; les mouvemens rapides d'une personne assise ou debout, qui semble exécuter une sorte de danse, sont à la fois des fautes graves contre la raison et contre le goût.

Ce n'est point qu'il faille condamner absolument les gestes, qui, selon l'abbé Delille, *donnent de la physionomie au discours*. Des gestes modérés, assortis aux paroles, et tour à tour doucement comiques, spirituels et gracieux, sont permis, même indispensables. La main gauche peut ne point agir, mais la coopération intelligente et réglée de la main droite, ne doit jamais manquer à la conversation : aussi me vois-je forcée de blâmer les interlocuteurs qui mettent les mains dans leurs poches, dans leurs sacs; qui restent constamment les mains jointes ou croisées, sans leur imprimer aucun mouvement. Ils se donnent l'air d'automates, tandis que les gesticulateurs se donnent l'air de possédés.

Les gens qui, tout en causant, saisissent fortement les bras de leur fauteuil, jouent avec les petits objets qui leur tombent sous la main, s'amusent à rayer ou dégrader les meubles, tournent et retournent leur chapeau, roulent et déroulent les cordons de leur sac, le bout de leur mouchoir, ignorent sans doute combien sont opposées à la politesse ces nuances de familiarité, d'enfantillage et d'embarras. J'ajoute brièvement que les témoins de tous ces actes ridicules, ne doivent jamais s'en apercevoir, en rire, en parler, à moins de vouloir être encore plus ridicules.

§ III.
De l'art d'écouter.

Converser n'est point discourir continuellement, comme le pensent les babillards, c'est écouter et parler tour à tour; or il ne faut pas moins bien s'acquitter de l'un que de l'autre. Pour cela, vous regarderez à demi la personne qui vous entretient (c'est pour ce motif qu'il est impoli de travailler en causant); si elle hésite ou s'embarrasse, vous n'aurez pas l'air d'y faire attention, et dans le cas où vous seriez un peu lié avec elle, après quelques instans, vous lui fourniriez, du ton le plus modeste l'expression qui semble la fuir. Si elle est interrompue par quelque incident, dès qu'aura cessé la cause d'interruption, vous n'attendrez point qu'elle reprenne son discours d'elle-même, mais avec un sourire de bienveillance, un geste engageant, vous l'inviterez à poursuivre : *Veuillez continuer, vous disiez donc?.....* Si l'on est obligé d'atténuer ainsi une interruption étrangère, à plus forte raison, ne doit-on jamais s'en permettre soi-même. Cela est tellement de rigueur, que si, dans la chaleur de la conversation, les deux interlocuteurs commencent tous deux à parler, tous deux doivent s'interrompre tout-à-coup dès qu'ils s'en aperçoivent, et, tout en s'excusant, se défendre de continuer. C'est au plus digne d'égards qu'il convient de reprendre le discours.

Quand l'on vous fera quelque récit qui, sans être plaisant, ait l'intention de l'être, qui, sans être touchant, prétende à vous attendrir, quelque ennuyé que vous puissiez être, ne manquez pas de sourire, de prendre un air d'intérêt. Si le narrateur s'égare dans de longues digressions, ayez la patience de le laisser se démêler seul du labyrinthe de son discours. Si l'histoire est interminable, résignez-vous et ne paraissez pas moins attentif. Cette condescendance est surtout de rigueur, si vous écoutez un vieillard ou tout autre personne respectable. Lorsque l'impitoyable conteur est votre égal ou votre ami, vous pouvez lui dire, comme pour l'engager à résumer sa narration : *Et enfin ?*

Les novices dans l'art du monde croient pouvoir tout simplement interrompre un discours commencé, pour se faire expliquer quelques circonstances qu'ils n'ont pas comprises, ou se faire répéter le nom d'un personnage : cela ne peut avoir lieu qu'après quelques considérations, qu'avec des ménagemens polis. Si le narrateur prononce mal; si vous vous apercevez que d'autres auditeurs sont dans le même cas que vous; si vous prévoyez que, faute d'avoir bien suivi ses paroles, vous ne pourrez y répondre avec politesse, vous pouvez alors vous permettre l'interruption ; mais voici les formes à garder : *Je vous demande bien pardon, je craindrais de perdre quelque chose de votre intéressant discours, si vous vouliez bien répéter,* etc. Il est nécessaire encore de choisir un moment opportun, comme celui où le conteur fait une pause, hésite à trouver un mot, vient de prendre son mouchoir.

Lorsqu'on vous raconte une imposture

évidente, l'art d'écouter devient embarrassant, car, si vous semblez y ajouter foi, vous passerez pour un sot, et si vous semblez en douter, vous passerez pour un malhonnête. Un air froid, une demi-attention, un mot tel que celui-ci : *C'est étonnant*, vous tireront honorablement d'affaire ; mais lorsque l'aventure racontée est seulement extraordinaire ou douteuse, il convient d'agir autrement. Votre physionomie exprime l'étonnement, et vous répondez par une phrase de ce genre : *Si je ne connaissais votre véracité, ou si tout autre que vous me racontait cela, j'aurais de la peine à y croire*. Dans toutes les hypothèses vous n'interromprez pas.

Il vous arrive parfois de prévoir quelque circonstance d'un récit attachant; le plaisir que vous y trouvez, le désir de montrer que vous avez deviné juste, l'intention de faire preuve d'intérêt, vous portent à interrompre vivement par ces mots : *J'y suis, c'est cela*. Une telle interruption, quoique bienveillante et naturelle, offenserait les vieillards, qui veulent conter longuement, dérouterait les conteurs prétentieux, désolés qu'on leur enlève une phrase à effet : vous ne pouvez donc vous la permettre qu'avec des amis intimes, des inférieurs, car autrement on répondrait avec humour à votre *j'y suis* : *Eh! mon Dieu oui*, ou d'un air triomphant, *Vous n'y êtes pas*, ce qui ne laisse pas d'être embarrassant.

La pire de toutes les interruptions est celle que dicte l'orgueil. Une personne spirituelle s'emparant d'une histoire contée par une autre, et s'en emparant dans le but de lui donner plus d'agrément, devient, malgré son éloquence, un modèle d'impertinence et de grossièreté. Sans doute il est dur de voir un sot gâter une anecdote heureuse dont on aurait tiré parti ; mais lorsqu'on ne serait point retenu par la bienséance, on doit l'être par son intérêt. Or, si les auditeurs sont gens délicats, ils resteront muets sur la dernière partie du récit, et s'adresseront avec bienveillance au pauvre conteur lésé dans ses droits.

L'interruption est pardonnable s'il s'agit de prouver ou d'éclaircir un fait en faveur d'un absent. Lorsqu'on vous accuse, vous pouvez à la rigueur interrompre par une exclamation, mais il vaut mieux le faire par un geste.

Il y a souvent beaucoup de finesse et de grâce à écouter en gesticulant doucement ; par exemple, en comptant sur ses doigts, en faisant un geste de surprise, d'assentiment ou d'exclamation. Cette manière tacite de dire : *Je m'en souviendrai bien, comment ? vous avez raison*, charme le narrateur sans l'interrompre.

Dans un dialogue vif, pressé, amical, on peut s'interrompre tour à tour, achever la phrase commencée, enchérir sur l'épithète, cela contribue à la vivacité du discours, mais ne doit pourtant pas être trop répété.

Il est plusieurs écueils à éviter en écoutant, écueils qui tous décèlent l'inexpérience de la société. Dire de tems en tems au narrateur : *Oui, oui,* en hochant la tête, en secouant la main, habitude de vieilles gens, et qui ne rappelle pas mal le mouvement d'une pendule ; demeurer les yeux fixes et la bouche béante ; avoir l'air distrait et rêveur ; montrer du doigt les personnes désignées par le conteur ; bâiller sans cacher avec sa main ou son mouchoir ce témoignage peu flatteur ; regarder fréquemment la pendule ; toutes ces manières-là pèchent contre le bon ton.

§ IV.

De la prononciation.

La prononciation est encore plus indispensable au discours que l'élocution ; car enfin, avant de choisir ses expressions, il faut les faire entendre, et l'on ne peut le faire qu'imparfaitement si l'on prononce mal. De là les répétitions forcées, la perte de l'à-propos, la fatigue, le dégoût, l'impatience des deux interlocuteurs, enfin tous les tristes résultats de la surdité. Ne ferons-nous pas tous les efforts pour nous y soustraire ?

La première, la plus grande faute contre l'art de prononcer, c'est la volubilité. En parlant trop vite on bredouille, on produit des sons inarticulés, inintelligibles, et c'est de tous les défauts de la prononciation, sans contredit, le plus insupportable. On sait très bien que prononcer trop lentement, et comme on dit, *s'écouter parler*, est un travers qui semble dénoter l'orgueil ou la nonchalance, et qu'en certains cas il faut activer la parole ; mais on ne doit jamais la précipiter, même dans les sujets qui demandent une expression brève. Outre son inconvénient physique, le bredouillement a d'autres inconvéniens moraux : il suppose l'étourderie, la loquacité, la sottise.

Après lui vient l'hésitation, qui n'est

guère moins fâcheuse, car elle sème le discours de ridicules et pénibles efforts. Ce défaut, qui tient quelquefois à l'organisation, provient encore plus souvent de ce qu'on néglige de penser avant de prendre la parole ; il tient aussi à la timidité, à quelque émotion vive qui force à balbutier, au soin prétentieux d'employer des termes choisis. Ce dernier motif est presque une extravagance. Dans le but de plaire aux gens vous les assommez de redites, de mots cherchés, hachés, et, pour paraître spirituel, vous vous rendez souverainement ennuyeux.

Les habitudes d'enfance, de petites villes, l'accent de province, sont de fréquens obstacles à la bonne prononciation : apportons-en quelques exemples. Il n'est pas rare d'entendre dire, même parmi les gens bien élevés, *te* pour *tu*, *cte* pour *cette*, *mamzelle* pour *mademoiselle*, etc. Quant à l'accent, chaque province a le sien. Le connaître, s'en défier, le modifier par la disposition contraire, tels sont les moyens d'éviter ces écueils ; mais quelque ridicule que l'on puisse paraître en donnant sans cesse contre eux, on l'est cent fois moins que ces gens, vrais substituts de maîtres d'école, qui vous arrêtent au milieu d'un récit touchant, pour répéter avec un sourire sardonique la locution vulgaire, le mot mal prononcé, le mauvais accent qui viennent de vous échapper.

Non seulement avec toutes les personnes de bonne compagnie, il faut condamner le pédantisme en fait de prononciation, mais il faut encore, avec Rousseau, en blâmer le purisme. Il ne peut souffrir (et bien d'autres comme lui) ces gens si jaloux de faire sentir la lettre finale de *tabac, sang, estomac*.

Outre l'accent général, il est aussi l'accent particulier, cet accent qui colore les paroles, en révélant le sentiment. Nous sentons tous sa délicatesse et son charme, mais nous sentons tous aussi qu'il doit être en parfaite harmonie avec le langage ; qu'il doit être pur de toute affectation, de toute exagération. Débiter des choses dures d'un ton de douceur ; étaler d'une voix humble d'orgueilleuses prétentions ; entamer une discussion politique d'un ton caressant ; raconter un fait plaisant avec un accent mélancolique, c'est être ridicule au suprême degré. C'est ne l'être pas moins de forcer l'accent, de le dénaturer jusqu'à l'ironie ; d'introduire dans le discours une sorte de déclamation ou de chant.

On ne peut juger de l'accent d'une personne qui parle trop haut ou trop bas, mais on décide, dans le premier cas, qu'elle est grossière, et dans le second, qu'elle est dédaigneuse.

§ V.
De la Correction du discours.

Surtout, qu'en vos discours, la langue révérée...

En adressant cet avis aux lecteurs, nous nous gardons bien de les croire étrangers aux règles de la grammaire : il est si honteux maintenant d'ignorer sa langue, qu'il ne le serait pas moins de soupçonner les autres de ne la pas connaître ; mais bien qu'on ne soit pas privé de cette connaissance indispensable, il faut encore éviter avec soin de contracter de mauvaises habitudes dans le langage ; d'employer des locutions vicieuses, et même de se servir de termes dont on ne connaît pas bien la valeur : un peu d'attention et d'étude apporteront un remède sûr à l'embarras qu'on pourrait éprouver.

Les jeunes gens ne sauraient trop se prémunir contre ces fautes, qui annoncent l'éducation la moins soignée. Ils y parviendront en étudiant un bon grammairien, en faisant attention au sens de leurs paroles.

Si, dans le silence du cabinet, on a bien de la peine à rendre correcte une phrase allongée, qu'est-ce donc dans le monde, quand la chaleur de la conversation empêche de réfléchir ? Faire de longues phrases, c'est vouloir faire des fautes de français ;

et si l'on prend le loisir de présenter correctement ces phrases interminables, on n'en paraît que plus lourd, que plus prétentieux, car jamais la conversation ne doit sembler laborieuse, et l'expression et la pensée doivent partir du même jet.

Défiez-vous des pronoms *qui, que*, lorsque surtout ils sont interrogatifs : quoique la grammaire ne condamne pas absolument leur multiplicité, comme elle est inutile et désagréable à l'oreille, il faut s'attacher à l'éviter. Ainsi au lieu de, *qui est-ce qui a fait telle chose ? — Qu'est-ce que c'est que cela ?* dites, *qui a fait telle chose ? — Qu'est-ce que cela ?*

Les gens soigneux de leur conversation évitent, comme fautes de français, des locutions qui certainement ne méritent point ce titre, mais nuisent à la clarté, à l'élégance, à l'harmonie du discours. Ainsi ils s'abstiendront de ces alliances de mots qui, mettant aux prises le sens et la prononciation, ne sont claires que dans le langage écrit, comme *je suis pauvre, mais contente*, que l'on peut confondre si facilement avec *je suis pauvre, mécontente*. Ils se gardent bien d'accumuler avec profusion les synonymes, les épithètes, ou du moins d'oublier à l'égard de ces dernières les lois de la progression. Ils tâchent de remplacer les subjonctifs et les imparfaits du subjonctif en *asse* ou en *isse*, dont l'oreille est importunée; de ne point trop multiplier les adverbes qui chargent, allanguissent le discours; ils font grande attention aux exigences euphoniques, et, pour cela, évitent de faire se heurter des sons semblables, comme *au haut d'un arbre, on entend en ce lieu*. Enfin ils craignent de répéter des mots pareils, même d'acception différente, tels que, *à présent on offre un présent, cela fait bien du bien*, etc.

Ces causeurs scrupuleux et privilégiés soignent surtout les liaisons comme chose importante, car ils savent combien leur omission nuit à l'euphonie; combien elle fait croire aux gens peu bienveillans que c'est un voile sous lequel se glisse adroitement le doute ou l'ignorance, et cette opinion n'est pas toujours un préjugé. Ne sait-on pas en effet qu'il se rencontre des personnes qui prononcent *avan-hier*, parce qu'elles n'osent dire *avant-hier*, ni *avans-hier* ?

J'oubliais de rappeler que nos habiles causeurs s'attachent à ne point fournir, par des rencontres fortuites de mots, de mauvaises pointes aux faiseurs de calembourgs, comme un *beau dais*, un *bon don*; que dans la coupe de leurs discours, ils préviennent les rimes si disgracieuses et même ridicules en prose; qu'ils redoutent les répétitions de phrases, d'axiomes, comme les répétitions de mots; que, par de courts et judicieux repos, ils marquent la ponctuation dans le langage parlé comme dans le langage écrit; qu'ils tendent enfin à rendre leur conversation claire, correcte, élégante; mais ces causeurs-modèles iraient contre leur but, s'ils avaient le moins du monde un air précieux et pédagogue. Loin de là, lorsqu'il leur échappe une erreur grammaticale, ils la réparent vivement, mais avec aisance et gaîté. Entendent-ils lâcher une grosse faute de français, ils ne se permettent pas un sourire, un regard qui pourrait éclairer et troubler le coupable ; si quelqu'un alors prend sur lui de jouer le maître d'école en adressant une leçon de syntaxe, ou en faisant entendre l'ignoble nom de *cuirrassier*, nos judicieux causeurs s'empressent de dire qu'il leur arrive aussi d'être *cuirrassiers* quelquefois.

CHAPITRE VI.
DES BIENSÉANCES MORALES DE LA CONVERSATION.

Bonté, modération, décence, voici la devise et l'âme des bienséances morales de la conversation.

Le soin d'être toujours agréable, obligeant ; de mettre en tout une sage mesure ; de respecter les droits d'autrui, jusqu'en les moindres choses ; d'écouter l'instinct d'une susceptibilité honorable pour tout ce qui tient à la délicatesse, à la piété, à la pudeur ; toutes ces qualités qui font la politesse, sont renfermées dans ces mots si touchans : *bonté, modération, décence.*

§ Ier.

Banalités des usages reçus.

Au premier rang des banalités en usage, nous mettons celles concernant l'information de la santé. Nous aurons nécessairement peu de chose à dire à cet égard ; toutefois il est encore quelques petits conseils qui ne sont pas à négliger.

Il importe de varier le plus possible les formes de ces questions banales, et de les faire à la troisième personne, lorsqu'on les adresse à quelqu'un avec qui l'on n'est point lié; il faut même s'en abstenir tout-à-fait envers un supérieur, ou bien envers une personne que l'on ne connaît presque pas, car ces informations supposent quelque familiarité. Dans ce dernier cas, il est un moyen de montrer de l'empressement sans manquer à l'étiquette : il consiste à demander des nouvelles, soit aux domestiques, soit à d'autres personnes de la maison, et de dire ensuite en se présentant : *Je suis charmé, monsieur, d'apprendre que vous êtes en bonne santé*, etc.

L'usage défend encore à une dame de s'informer des nouvelles d'un homme, à moins qu'il ne soit malade, ou bien âgé. Pour donner un correctif à cette convenance peu bienveillante, une femme qui aborde un monsieur, s'empresse de l'interroger sur la santé des personnes de sa famille, pour peu qu'elle ait avec celle-ci une apparence de relations. Un grand nombre de gens font la question machinalement, sans attendre la réponse, ou bien se hâtent de répliquer avant qu'on leur ait répondu. C'est de mauvais ton. Assez communément, cette information de la santé ne tire pas à conséquence, il est vrai, mais elle doit paraître dictée par l'attention et la bienveillance. Il ne faut pas s'y tromper cependant, et se garder d'instruire d'une légère indisposition des personnes qui nous sont fort étrangères, parce que leur intérêt peut être de forme seulement.

Après s'être informé de l'état sanitaire des gens que l'on visite, il convient de les interroger sur celui de leur famille; mais il serait ennuyeux de faire une longue énumération des membres qui la composent. On peut adresser une question collective, en désignant, toutefois, les personnages les plus importans. En cas d'absence de proches parens, on demande si la personne visitée a reçu de leurs nouvelles depuis peu; si ces nouvelles sont satisfaisantes. Elle, de son côté, agit de même à votre égard.

Lorsqu'il ne s'agit pas de visites de grande cérémonie, au moment où vous prenez congé, on vous charge communément de complimens, de salutations pour ceux avec lesquels vous vivez ; il faut répondre brièvement, mais trouver le moyen de donner une assurance et de faire un remercîment.

La politesse répand sur les moindres communications sociales un vernis de modestie, de grâce et de déférence que l'on doit conserver avec un soin minutieux. En parlant, il faut toujours donner le nom de *monsieur*, *madame* ou *mademoiselle* : si la phrase est un peu longue, le titre doit être répété. Lorsqu'il s'agit de répondre par l'affirmative ou la négative, on ne doit jamais dire sèchement *oui* ou *non*. Il est impoli cependant de joindre le nom de la personne au titre de monsieur ou madame. On ne le fait que quand la personne à qui nous adressons la parole est distraite ou tournée d'un autre côté, et qu'il est nécessaire d'exciter son attention; encore est-il plus convenable, si cette personne a un titre ou exerce une profession distinguée, de l'appeler par ce titre ou par la dénomination de son état; comme *monsieur le comte, monsieur le docteur* (ou simplement docteur, en parlant à un médecin avec lequel on est lié). Dans le cas où il se trouverait plusieurs personnes du même état, on pourrait alors ajouter le nom.

Tout le monde sait qu'il est fort grossier de parler d'une tierce personne présente, en disant *il, lui,* ou *elle,* et que l'on doit dire *monsieur* ou *madame*; en parlant à la troisième personne. On peut aussi la désigner par sa qualité ou par son nom.

Une dame ne dit *mon mari* que dans l'intimité; en toute autre circonstance, elle le nomme par son nom en l'appelant *monsieur*. Il est également de bon ton qu'excepté les momens où préside la cérémonie, et tant qu'elle est jeune encore, elle le désigne par son petit nom. Il serait inconvenant qu'elle le nommât monsieur tout court devant d'autres personnes que les domestiques ou les ouvriers. Les mêmes convenances existent pour le mari, à l'exception d'une seule : il semblerait ridicule de dire en société, *madame N, mon épouse;* il doit dire tout simplement *ma femme.*

Mais lorsqu'on lui parle de la personne à laquelle il est uni, on ne peut dire *votre femme* que dans l'intimité. *Madame votre femme, madame votre épouse,* sont des expressions d'assez mauvais ton; *votre dame* est encore pis; *madame N,* ou simplement *madame,* est bien plus convenable. Les règles de politesse à cet égard sont les mêmes en parlant du mari.

Quand on ne dit pas à des parens, *mademoiselle votre fille,* l'expression *votre demoiselle,* est d'usage : *votre fille* ne s'emploie jamais. Comme on est convenu de donner ce nom aux courtisanes, on l'a presque banni de la société. Une femme disait autrefois, *quand j'étais fille;* aujourd'hui elle doit dire absolument, *quand j'étais demoiselle.*

En parlant à quelqu'une des personnes de sa famille, on évite de dire simplement, *votre père, votre mère,* etc.; on ajoute le titre de *monsieur et de madame.* Cependant il y aurait de l'affectation à dire *messieurs vos parens,* en parlant d'une manière générale; quoiqu'on dise très bien *messieurs vos frères, mesdames vos sœurs.* A mesure que la parenté est plus éloignée, cette attention est moins nécessaire, et l'on peut dire sans impolitesse, *vos cousines, vos cousins.*

Si quelqu'un s'avisait de désigner ses parens par les titres de *monsieur mon père, madame ma mère,* il paraîtrait risible au dernier point. Cependant il est de bon ton, en parlant des personnes avec lesquelles on est allié, de les appeler par leur nom, en leur donnant le titre ordinaire. Ainsi, l'on dit fort bien, *monsieur un tel, madame,* ou *mademoiselle une telle* pour dire mon gendre, ma belle-fille, ma belle-sœur, etc. Le nom de bru est tout-à-fait proscrit, et n'est plus d'usage que chez les artisans. Il faut laisser aussi à ces braves gens l'habitude de désigner (même dans l'intimité) ses parens par leur nom de famille, sans y joindre le titre de madame, mademoiselle, ou bien l'indication du degré de parenté : ainsi l'on doit dire, *ma tante N, ma cousine N*, et non point *la N*, ce qui est tout-à-fait insupportable.

Il est complètement niais de joindre au mot monsieur ou madame, un mot désobligeant qui peut former équivoque, tel que celui-ci : *Que cet homme est bête, monsieur!*

Lorsqu'on parle de soi et d'une autre personne, soit présente, soit absente, la bienséance exige que l'on ne fasse mention de soi-même qu'en second lieu. Ainsi l'on dira, *elle et moi, vous et moi*, ou mieux encore, *Monsieur et moi*; car il ne faut pas l'oublier, parler à la troisième personne est plus honnête et plus respectueux. Toutefois, il faut être circonspect en employant ce mode, parce que, dans plusieurs circonstances, on pourrait avoir l'air d'un vil complaisant. D'homme à homme, il est peu usité. D'ailleurs, quelque honorables que soient les personnes, il ne doit pas être continuel. Le seul cas, où il est toujours parfaitement convenable, c'est lorsqu'on s'adresse à une dame, et que le discours est interrogatif. *Madame*, dira-t-on très bien, *veut-elle faire une partie, désire-t-elle respirer l'air?* etc.

Lorsque vous faites le récit d'une aventure personnelle dont les circonstances sont honorables pour vous, et qu'une personne très distinguée en partage l'honneur, vous devez seulement faire mention d'elle, et au lieu de la phrase plurielle : *Nous résolûmes, nous fîmes telle chose,* s'oublier, et dire : *monsieur N. résolut, fit cela.* Ce sacrifice de la modestie doit vous être payé par la délicatesse, et le supérieur à son tour doit publier aux dépens du sien votre mérite en cette occasion.

On sait que le mot *démenti* ne se trouve point dans le dictionnaire de la bienséance, et que lorsqu'on est forcé de nier l'assertion de quelqu'un, on emploie les formules d'excuses. Les plus convenables sont celles-ci : *Je puis me tromper, je me trompe sans doute, mais... Veuillez excuser mon erreur, mais il me semble,.... Mille pardons, mais je croyais,* etc. Les gens qui pensent atténuer une dénégation par quelques mots de doute sont des mal appris. *Si ce que vous avancez est vrai,* disent-ils, *si ce que madame annonce est positif,* etc.; avec ces belles formules-là, ils croient obéir à la politesse. C'est être malhonnête avec affectation.

Quoique l'on dise malignement que les formules importent beaucoup dans le monde, je m'y joins, mais dans une autre intention.

n ne dit, *je vous salue, je vous souhaite le bonjour*, et surtout *bonjour*, qu'à des inférieurs. A une dame âgée, à une femme mariée, une demoiselle doit dire, *j'ai l'honneur de vous saluer*. Un homme se sert de cette expression envers les dames et les jeunes personnes.

On ne demande jamais une chose à quelqu'un sans dire : *voulez-vous avoir la bonté, veuillez me faire le plaisir, seriez-vous assez bonne*, etc.

Dans un cercle, on ne passe point devant une personne, on ne présente jamais un objet en tendant le bras sur elle, mais on passe, on tend l'objet derrière elle. Dans le cas où l'on ne peut, on dit, *je vous demande pardon*. A une interrogation mal comprise on ne répond jamais *hein? quoi?* mais *plaît-il?... pardon, je n'ai point entendu*.

Lorsqu'on tient par les liens du sang à quelques personnes, il est impoli d'en parler à leurs parens comme si elles ne vous étaient rien. Ainsi nous blâmons un frère qui dit à son frère, *ta tante*, un gendre qui dit toujours à sa femme, *ta mère*, etc. Cela ne se peut souffrir qu'en l'absence de ces personnes. Il est divers usages de bonnes gens que je voudrais passer sous silence, et dont il faut dire quelques mots. Ainsi ne refusez jamais avec dédain une prise de tabac, et plutôt que de désobliger les gens, prenez-en une pincée, quitte à la rejeter ensuite, après avoir feint de la prendre. Ne saluez pas, ou saluez imperceptiblement, en silence, quand vous entendez un éternûment. Gardez-vous de présenter aux dames, dans les bals ou les assemblées, une boîte de bonbons, à peine d'avoir l'air d'une caricature.

Si vous heurtez quelqu'un le moins du monde, demandez-lui avec empressement pardon. On doit vous répondre de même : *ce n'est rien, rien du tout*, etc., lors même que le coup aurait été violent.

Il est d'usage, pour remplir les momens

d'une visite de pure bienséance, de regarder les portraits qui ornent la cheminée, de les détacher même, si on vous invite à le faire. Il serait de la dernière impolitesse de dire qu'ils sont flattés, de prétendre reconnaître dans le portrait d'une jeune femme celui d'une dame âgée ou moins favorisée de la nature. Il serait encore déplacé de faire de longs complimens : un éloge indirect, ingénieux, est tout ce qu'il y a de plus convenable.

§ II.

Des questions ; des termes parasites.

Un axiome de bienséance veut que l'on ne parle presque jamais de soi (qu'à ses amis intimes) et que l'on entretienne les étrangers d'eux-mêmes, de tout ce qui peut les intéresser. Des questions sont donc nécessaires, mais elles demandent infiniment de délicatesse et de tact, afin de ne pas fatiguer, de ne pas blesser même. Si, au lieu d'exprimer un doux et croissant intérêt, vous faites un sec interrogatoire dicté par une froide curiosité ; si vous semblez ne porter nulle attention aux réponses que vous provoquez ; si vous prenez maladroitement un ton protecteur ; si vous prolongez outre mesure cette forme de conversation ; si voyant qu'on est embarrassé, qu'on cherche à se sauver par une réponse évasive, au lieu de garder le silence, vous témoignez de sots regrets de votre indiscrétion ; soyez bien sûr que vos questions et vous-même serez considérés comme un fléau.

Madame Necker observe ingénieusement que ces termes favoris et souvent répétés dont on sème la conversation, servent, pour l'ordinaire, d'enseigne à l'humeur des gens. « Ainsi, dit-elle, les menteurs ont pour expression habituelle, *Vous pouvez m'en croire, c'est la vérité* ; les bavards, *En un mot, pour en finir* ; les orgueilleux, *Sans se vanter*, etc. » Cette piquante observation est des plus fondée, et par conséquent nous devons prendre bien garde de mettre les gens dans le secret de nos travers.

Mais indépendamment de ce motif, il nous faut éviter avec soin les mots parasites, parce qu'avec le tems, l'habitude les multiplie à un point vraiment effrayant. Ils embarrassent, inondent nos discours, détournent l'attention des personnes qui nous écoutent, et nous rendent importuns, ridicules, sans que nous puissions nous en apercevoir.

Si des termes habituels, d'ailleurs non répréhensibles, peuvent devenir si fâcheux, quels résultats produiront, lorsqu'ils sont familiers, ces tours surannés, ces expressions triviales, ces grossières transitions, tels que, *se mettre dans le cas, par dessus le marché, ce n'est pas l'embarras, au bout du compte,* etc.

§ III.

Des narrations, de l'analyse et des digressions.

Il est plusieurs conditions indispensables au succès des narrations. Ces conditions sont, la rareté d'abord : les meilleures histoires lassent lorsqu'elles se multiplient trop, parce que chacun veut être acteur à son tour sur la scène du monde. Ainsi, lors même que vous auriez quelque chose d'excellent à raconter, cédez toujours moins à l'envie que vous avez de parler, qu'au désir qu'on a de vous entendre. Il n'est que trop de gens qui trouvent le secret d'ennuyer en disant de fort bonnes choses, par la trop grande démangeaison qu'ils ont de les dire.

Vient ensuite l'opportunité. Que votre récit naisse naturellement de la conversation; qu'il explique un fait, vienne à l'appui d'une opinion, mais ne paraisse jamais amené par le sot plaisir du parlage, ou par le désir non moins sot peut-être de faire étalage d'esprit. Rappelez-vous que les récits les plus médiocres, quand ils sont placés à propos, plaisent souvent plus que les meilleures choses du monde, quand on les dit à contre-tems ; et même, s'empresser toujours de s'emparer de la narration à faire est de mauvais ton, principalement pour les jeunes gens et pour les dames, surtout lorsqu'il y a peu d'instans que l'on vient d'occuper l'attention du cercle. C'est une bienséance aimable et modeste que d'engager quelqu'un à raconter l'anecdote du jour dont vous avez fait mention, et dont on désirerait connaître les circonstances. Cela sied bien aux gens distingués par leur esprit. La personne désignée s'incline et se défend par quelques mots avant de se rendre à l'invitation.

Il est de toute nécessité que le langage se prête aux formes diverses qu'exige la narration ; que, sous prétexte d'orner son discours, on ne s'égare point dans des comparaisons recherchées, d'oiseux détails, d'interminables dialogues ; que si l'on raconte un trait plaisant ou frappant, on garde le plus grand sang-froid, et qu'enfin, avant de commencer un récit de ce genre, on ait présent à l'esprit ces vers-proverbes de Lafontaine :

 Il ne faut jamais dire aux gens :
Écoutez un bon mot, oyez une merveille ;
 Savez-vous si les écoutans
En font... une estime à la vôtre pareille ?

Quand, faute de ce soin et de beaucoup d'autres, les narrateurs manquent l'effet attendu, et croient pouvoir le rattraper en redisant, en commentant le mot comique, en s'évertuant à répéter : *Ne trouvez-vous pas cela excellent, admirable ?* Hélas ! ils ne font qu'ajouter à leur défaite et à l'ennui des pauvres auditeurs.

Si l'on raconte une anecdote que vous connaissez déjà, laissez allez le conteur jusqu'à la fin, et ne détournez d'aucune façon l'attention de ceux qui écoutent. Si on vous demande votre avis, donnez-le ingénument, et sans vouloir paraître mieux instruit que le narrateur lui-même. Il y a plus : si vous vous trouvez en tête-à-tête avec le conteur, vous gardez le même silence, vous l'écoutez avec un air d'intérêt; et s'il vient à vous faire part d'un fait qu'il vous a raconté le jour précédent, ou qu'il tient de vous-même, vous paraissez également l'ouïr pour la première fois. Souvent, au milieu du récit, le narrateur oublieux hésite; il croit se rappeler...Observez-le attentivement. S'il est en doute, affirmez que vous ignorez tout-à-fait ce dont il s'agit. Si la mémoire lui revient, priez-le de continuer en lui disant : *Je vous entends toujours avec un nouveau plaisir.* Cette politesse délicate est surtout de rigueur envers les vieillards.

Quand vos narrations ont eu du succès, gardez une contenance modeste; laissez les gens répéter les traits saillans qui les ont charmés. Le moyen le plus sûr de n'avoir l'approbation de personne, dans ses actions comme dans ses discours, c'est de la solliciter, soit par ses regards, soit par ses paroles.

Comme chaque auditeur est obligé d'écouter ou d'entendre sans réclamation, il résulte que l'on doit sonder le terrain avant de prendre la parole, et demander si telle chose est connue de la société. Lorsqu'une historiette a été insérée dans les journaux, qu'elle n'est plus absolument neuve, ou qu'elle semble empruntée à un recueil d'*ana*, si on l'attribue à quelque personne de connaissance (absente bien entendu), un ridicule ineffaçable stigmatise à bon droit le conteur.

Voici, selon moi, la partie la plus difficile de la conversation, et si vous n'êtes point sûr de pouvoir classer vos idées avec ordre, de les exprimer avec une grande clarté, une facile élégance, n'ayez jamais la témérité de vouloir analyser un livre, une pièce de théâtre. Vous vous prépareriez une rude mortification, qui influencerait défavorablement votre entrée dans la société. Vous auriez tort d'en conclure, cependant, que je vous condamne pour toujours au silence : je veux vous inspirer seulement une défiance salutaire, afin de vous préserver de ce rude échec, et vous mettre en état de pouvoir quelque jour répondre à cet égard aux vœux d'une assemblée distinguée et brillante.

Commencez par jeter sur le papier l'esquisse rapide d'une pièce de peu d'étendue, comme un vaudeville, une petite comédie. Vous ferez cela, jusqu'à ce que, sûr de la manière dont vous embrassez l'ensemble et dont vous disposez les détails, vous puissiez vous produire sans embarras. Parvenu à ce point, abstenez-vous alors de ces sortes d'analyses qui, plus correctes, à la vérité, sentiraient le travail. Elles auraient, d'ailleurs, moins d'abandon, d'à-propos et de grâce.

Sachez-le et retenez-le bien; toute autre préparation que de penser à ce que vous allez dire, vous ferait acquérir deux défauts intolérables : l'affectation et la raideur.

Au reste, je ne donne ces conseils qu'aux personnes qui, par un esprit vif et pénétrant, par l'amour des arts, par une aptitude particulière, se trouvent portées à faire des efforts pour parler convenablement des productions littéraires. Celles qui en sont moins occupées, se contenteront d'en exposer simplement et brièvement le sujet; de rendre compte de l'émotion qu'elles auront éprouvée; de parler de quelques passages saillans, et d'ajouter qu'elles n'ont pas la prétentieuse pensée de prononcer un jugement.

Le premier degré de la digression est la parenthèse : pourvu qu'elle soit courte, naturelle, peu répétée; que vous preniez soin de l'annoncer toujours, et, qu'en définitive, vous n'en abusiez pas, vous pouvez en faire un usage avantageux. Le second degré de la digression devient plus délicat, car il comprend ces réflexions accessoires, ces locutions communes, mais plaisantes ou consacrées, ces allusions générales ou particulières, que l'on ne se permet qu'à l'aide d'un accent spécial, qui est au langage ce que le caractère italique est à l'impression. Cette manière de parler en italique peut être piquante, naïve; mais aussi elle peut souvent être obscure et triviale; l'habitude en est dangereuse, et l'on ne doit se permettre qu'avec ses amis cette scabreuse digression.

Venons au troisième degré, à la digression proprement dite. La plus fréquente est involontaire. Souvent, dans un dialogue vif et pressé, le mouvement de la conversation vous emporte, ainsi que l'interlocuteur, loin de votre point de départ. S'il s'agissait de son plaisir ou de son intérêt, revenez sur vos pas en employant une tournure polie, *ne perdons pas nos affaires de vue, je vous prie*, direz-vous. Mais s'il n'est question que de riens remplacés par des riens, laissez couler l'eau.

La digression volontaire, quand elle n'est pas l'œuvre de la loquacité, peut se mêler à de graves discours, tels que discussions politiques, philosophiques ou morales; mais il importe de la traiter avec infiniment de réserve, de soin, et de ne jamais en faire une apologie personnelle, ou un hors d'œuvre domestique, comme ces gens qui, rapportant quelque évènement relatif à un individu, racontent sa vie, les rapports qu'ils ont eus avec lui, avec sa famille entière, et s'arrangent de manière que cet évènement d'une heure rappelle l'idée de l'éternité.

Les plaideurs, les gens de lettres, les militaires, les voyageurs, les malades et les dames âgées doivent se tenir tous dans une sage et continuelle défiance de l'abus des digressions.

§ IV.

Des Suppositions et des Comparaisons.

Les deux écueils de cette forme de langage sont totalement opposés : l'un est la trivialité, l'autre est l'enflure.

La supposition, mode déjà vieilli, et parfois trop naïf, a pour but d'augmenter la force du raisonnement, de porter la conviction chez la personne qui vous écoute; la comparaison tend à faire image, à placer sous les yeux l'objet décrit. Quand l'une et l'autre sont réglées par la raison, par l'usage et le goût, c'est bien; mais combien de fois ne le sont-elles pas!

Elles ne le sont pas si, dans le cours d'une discussion, vous engagez une personne respectable à se mettre à la place d'un mal appris, d'un fou, d'un voleur; si vous supposez qu'elle soit dans une situation honteuse ou même ridicule. Ainsi, par exemple : *Si vous étiez ce mauvais sujet; je suppose, Madame, que vous eussiez commis cette bassesse, que l'on se moquât de vous,* etc.

Elles ne le sont pas lorsque, satisfait d'éviter des comparaisons choquantes, on s'avise de désigner quelqu'un de méprisable, en rapprochant son extérieur de celui d'une personne de la société. Lorsqu'on dit : *Ce malheureux est de votre taille, mon-*

sieur ; il a vos traits, votre physionomie, etc.

Elles ne le sont pas lorsque, devant les gens exerçant la profession sur laquelle frappent des comparaisons injurieuses, nous disons : *Charlatan comme un médecin; avide comme un procureur; babillard comme un avocat*, ainsi de suite.

Enfin la politesse et le goût ne règlent pas davantage les comparaisons, lorsqu'elles sont usées ou triviales ; ainsi, *joli comme un cœur, noir comme la cheminée, haut comme la main;* lorsqu'elles sont boursoufflées et prétentieuses, telles que, *savante comme les Muses, fraîche comme les prairies,* etc.

§ V.

Des discussions et des citations.

Quel que soit le sujet de la conversation, proposez votre avis avec modestie; défendez-le de sang-froid et d'un ton doux si on le combat; cédez de bonne grâce si vous avez tort : cédez encore, bien que vous-

ayez raison, si la chose qu'on discute est de peu d'importance, et surtout si la personne qui vous combat est une dame ou un vieillard. Cependant si l'amour de la vérité ou le désir de vous instruire vous forcent à entrer en discussion, faites-le avec ménagement et politesse. Si vous ne ramenez pas votre contradicteur à votre avis, vous vous serez du moins concilié son estime.

Mais si vous avez affaire à un de ces gens qui, possédés de la manie de la discussion, commencent par contredire avant d'écouter, et qui sont toujours prêts à soutenir l'avis contraire, cédez-lui la place; vous n'auriez rien à gagner avec lui. Tenez-vous pour certain que l'esprit de contradiction ne peut être vaincu que par le silence.

L'insupportable pédantisme d'une nuée de citateurs sans tact et sans esprit, a justement décrédité pour long-tems les citations; mais lorsqu'elles sont bien choisies rares, courtes; qu'elles sont protégées par l'à-propos,

Qui fuit comme le tems, qui plaît comme les grâces;

qu'elles sont tout-à-fait neuves et maniées par une personne pleine de modestie, de finesse et de goût, ayant un parfait usage du monde, les citations ont beaucoup de succès et de charme; mais hors ces conditions, point de salut, et, en ce genre, point de milieu : ou bien vous serez un modèle, ou bien un insupportable pédant. Voyez si vous voulez courir étourdiment la chance, surtout à votre début dans la société, lorsque les jeunes gens doivent avec tant de soin éviter de faire parade d'une vaine érudition de collège, et ne pas briguer la réputation de savant par l'emploi de mots empruntés à des idiomes étrangers, ou des termes de sciences inconnus aux gens du monde.

§ VI.

Des plaisanteries, des proverbes, des calembourgs et des bons mots.

Si la société n'est point une école pour exercer les pédans, elle n'est point aussi une arène à l'usage de ces gens malignement spirituels, qui se croient patentés pour insulter avec grâce. Quels que soient la finesse de leurs traits, le sel de leurs observations, le rire même qu'ils excitent en moi, je ne refuse pas moins aux esprits caustiques et railleurs le nom de personnes polies, de personnes du bon ton, car la politesse, c'est la bienveillance. Or, ceux qui s'étudient sans cesse à troubler, à blesser les gens, en ne prenant d'autre précaution que de leur enlever le droit et le moyen de se plaindre; qui sont à l'affut de la moindre erreur, pour l'amplifier, l'envenimer, la présenter sous le point de vue le plus ridicule; qui s'attaquent lâchement à ceux qui ne peuvent leur répondre, ou s'exposent chaque jour pour un sarcasme à jouer leur vie et celle d'autrui dans un duel : ces gens-là, que sont-ils ?... Je n'ose en vérité, le dire.

Un tel portrait, qui, certes, n'est pas chargé, rendrait à jamais la plaisanterie odieuse; mais plaisanter n'est pas ressembler à ces méchans-là, grâce à Dieu! c'est s'en éloigner au contraire; car la plaisanterie douce, gracieuse, légère, doit être partagée de bon cœur par ceux-mêmes qui en sont l'objet; c'est une lutte amicale, enjouée, où jamais ne doivent apparaître la causticité, la défiance et le ressentiment. Dès que vous en apercevez l'ombre, la plaisanterie a cessé en effet : cessez-en donc aussitôt l'apparence.

Quant au persiflage, cette causticité des sots ; à cette gaîté niaise, excitée par la candeur ou par la politesse des gens auxquels vous faites faussement croire des choses assez simples, parce qu'ils se refusent à vous dire qu'ils dévoilent ce

plaisir d'hébété, je n'ai rien à en dire, sinon que j'ai trop bonne opinion de mon lecteur pour penser qu'il ne les méprise pas comme je le fais.

Les citations populaires, les proverbes, comme les autres citations, exigent quelques soins, et, d'ailleurs, hors de la causerie familière, il sont tout-à-fait déplacés. S'ils sont fréquens, la conversation devient un ennuyeux commérage; s'ils sont lancés sans un court avis préalable, de deux choses l'une, ou ils empêchent le causeur d'être compris, ou ils lui donnent l'air de Sancho Pança. Mais l'avertissement nécessaire est fort court : *Comme dit le proverbe, comme veut la sagesse des nations.* Un proverbe bien appliqué, et placé à la fin d'une phrase, offre souvent une très heureuse conclusion.

Je n'en parle que pour les blâmer, que pour supplier mes lecteurs de ne se point mettre fabricans de calembourgs, de mépriser cet esprit des sots, ce moyen puéril !

d'exciter un rire passager. Ce n'est point qu'ils ne puissent répéter dans la bonne société un de ces rares calembourgs politiques qui sont heureux et pour la forme et pour le fond : ce n'est pas qu'ils doivent dénigrer cette forme de plaisanterie devant les personnes qui l'aiment, et moins encore leur dire ce que d'ailleurs elles entendent tous les jours : *C'est mauvais ;* avoir du goût n'est pas un titre pour être impoli.

Il faut être bien plus sévère pour un autre genre d'équivoques ; pour celles qui blessent la pudeur. La bienséance permet, elle ordonne même de ne point écouter, d'interrompre le mal appris qui vous importune de ces indécens jeux de mots qu'un homme de bonne compagnie doit toujours éviter. Ce sont celles à l'aide desquelles on couvre certaines plaisanteries d'un voile si transparent, qu'elles se remarquent davantage. Quel plaisir peut-on trouver à faire rougir les dames, et à mériter le titre d'homme de mauvaise compagnie ?

Il en est qui croient pouvoir se permettre toute espèce de plaisanteries devant certaines personnes ; mais un homme de bon ton doit le conserver partout. On pourrait citer plus d'un exemple de ceux qui ont perdu la politesse de manières et de langage en prenant les habitudes et la conversation de toutes les sociétés où le hasard les conduisait. Il ne faut qu'un instant pour perdre ces nuances délicates qui font l'homme du monde et qu'on a tant de peine à acquérir.

C'est une très grande erreur de croire qu'il faille toujours briller dans la conversation, et qu'il soit plus avantageux de se faire admirer par une vive et prompte répartie, que de se renfermer quelquefois dans le silence ou dans quelque réponse moins brillante que judicieuse (1). Il ne faut pas s'imaginer que les traits d'esprit soient tous dans l'ordre de la bienséance :

---

(1) Pour qu'une réponse soit vraiment agréable,

un air vain et triomphant gâte un bon mot; aussi lorsque vous répétez un mot de ce genre dont vous êtes l'auteur, gardez-vous d'en instruire ceux qui vous écoutent. La tendance qu'ils auraient à blâmer votre orgueil, les empêcherait d'apprécier votre esprit.

§ VII.

Des éloges, des plaintes, des inconvenances et des préjugés.

Une des choses les plus inconvenantes, c'est de louer à l'excès et à contre-tems. Les

---

il faut que celui qui l'a faite ait eu le droit de la faire, et qu'on puisse la citer sans lui faire tort; autrement on rirait de la réponse et on en mépriserait l'auteur. Il sort des réponses agréables de la bouche d'un homme de guerre, qui seraient ridicules dans celle d'un magistrat. Une jeune personne peut faire des réparties vives et brillantes, qui seraient insupportables dans la bouche d'une femme sur le retour; comme celle-ci en peut faire de fort agréables qui ne conviendraient nullement dans la bouche d'une jeune demoiselle.

louanges excessives et déplacées n'honorent ni celui qui les donne, ni les personnes qui les reçoivent.

Le moyen infaillible de prêter un air sot à une personne de mérite, c'est de lui adresser en face et sans ménagement des éloges exagérés ; il n'est pas, en effet, peu embarrassant de répondre. Garde-t-on le silence, on semble respirer à son aise l'encens; se récrie-t-on vivement, on semble vouloir l'exciter encore. Aussi voyons-nous, en pareil cas, des gens très spirituels d'ailleurs, qui répondent par de niaises exclamations, par des assertions grossières: *Vous vous moquez*, disent-ils ; et cela ne se peut tolérer, car l'on ne doit pas supposer que la personne qui vous loue soit capable d'un tel procédé. Je crois que l'on pourrait mieux dire : *Si je ne vous savais si bienveillant* (ou *si bon*) *je croirais vraiment que vous vous raillez de moi.* Ou bien, *votre indulgence vous aveugle.*

Les hommes sans usage s'imaginent ordinairement qu'on ne peut aborder une dame sans lui adresser des complimens. C'est une erreur, messieurs, et je peux vous révéler à cet égard ce que mon sexe préfère à ces banalités d'éloges.

Il est de mauvais ton d'assommer de douceurs fades toutes les femmes qu'on rencontre, sans distinction d'âge, de rang et de mérite. Ces fadeurs peuvent amuser quelques femmes légères, elles ennuient une femme sensée. Ayez avec elles une conversation vive, piquante et variée; et souvenez-vous qu'elles ont une imagination trop active, une mobilité d'esprit trop grande, pour soutenir long-tems la conversation sur un même sujet.

Faut-il donc s'interdire absolument les éloges? Non, la société française n'en est point venue à ce degré de philosophie-là; les éloges sont et seront long-tems encore un moyen de succès; mais ils doivent être d'abord vrais, ou du moins vraisemblables, afin de ne pas avoir l'air d'un outrage sanglant; ils doivent être indirects, délicats, pour qu'on puisse les écouter sans être obligé de les interrompre; ils doivent être tempérés par une sorte de censure, dont l'adroite sévérité est encore elle-même un éloge.

Ne pourrait-on pas regarder comme un langage grossier et ridicule cette exagération que l'on met souvent dans les louanges comme dans le blâme ? Il semble que la véritable bienséance dans les paroles consiste principalement dans une certaine mesure d'expressions. Il vaut beaucoup mieux donner à penser plus qu'on ne dit, que d'outrer les termes et de courir le risque d'aller au-delà de ce qu'on doit dire.

Sous quelque rapport que ce soit, la plainte a toujours mauvaise grâce.

Éloignez de vos plaintes l'aigreur et l'animosité ; que votre colère soit seulement le sentiment du mal qu'on vous a fait, et non pas de celui que vous voudriez faire : c'est le plus sûr moyen de mettre dans votre parti les personnes qui auraient peut-être pu balancer entre votre adversaire et vous.

La bienséance ne s'oppose pas moins aux plaintes excessives que vous faites au premier venu contre ceux dont vous avez à vous plaindre, qu'aux louanges fréquentes et outrées que vous donnez mal à propos à ceux de qui vous attendez du bien.

Par le mot *inconvenances*, on entend généralement toutes les fautes contre la bienséance. Cependant on donne aussi à ce mot un sens particulier et restreint. Il signifie alors un manque d'égards, un oubli spécial des soins délicats qui semblent nous identifier avec la position d'autrui. Voici quelques exemples de ces infractions particulières de la politesse. N'aborder les personnes tristes qu'avec un visage riant et des manières enjouées, qui leur prouvent le peu de part qu'on prend à leur situation ; troubler par une humeur bizarre et chagrine, par des déclamations misanthropiques, la joie de gens satisfaits ; exalter les avantages de la beauté devant des femmes âgées ou disgraciées de la nature ; parler de la considération que donne l'opulence en présence de gens à peine arrivés à la médiocrité ; s'applaudir de sa force, de sa santé près d'un valétudinaire, etc.

Le sens que nous donnons ici au terme *préjugés* est encore plus restreint que celui donné précédemment à l'expression *inconvenances*. Nous ne voulons point parler ici de ces jugemens erronés, reconnus tels, sapés, ébranlés, mais encore respectés de la société qu'ils tourmentent. Nous voulons seulement prémunir nos lectrices contre ces préventions anti-sociales, de nation à nation, de ville à ville, de quartiers à quartiers ; de cette disposition malveillante qui remplit la bouche d'une Française de malignes observations contre une habitante de Londres ; qui change pour une Parisienne le nom *provincial* en synonyme de gaucherie et de mauvais ton ; et qui, dans les salons de la Chaussée-d'Antin, ne fait pas plus de grâce aux personnes logées au Marais: d'autant plus que les gens du Marais, les provinciaux, les Anglaises, ne se font pas faute de rendre préventions pour préventions, dédains pour dédains.

CHAPITRE VII.

DE LA BIENSÉANCE ÉPISTOLAIRE.

Après les communications sociales par le moyen des visites, de la conversation, viennent les communications par le moyen des lettres et billets. Ce n'est pas seulement l'absence, mais la multiplicité des affaires, le grand nombre des relations qui donnent une extension très forte à cette partie des rapports sociaux.

Nos lecteurs sont trop judicieux pour croire que nous nous disposions à leur donner des leçons de style; à leur enseigner comment se doivent écrire les lettres d'amitié, de félicitations, de condoléances, de morale, d'excuse, de recommandation, d'invitation, de plaintes, de reproches. Cette énumération seule en démontre l'impossibilité. Quelques réflexions générales sur les convenances épistolaires, des détails scrupuleux sur les formes et le cérémonial des lettres, composeront ce chapitre important.

§ Ier.

Des convenances épistolaires.

Si l'on doit s'attacher dans la conversation à la propriété des termes, à leur choix, à leur gracieuse euphonie, combien faut-il plus encore chercher à rendre son style clair, précis, élégant, approprié à toutes sortes de sujets. La vivacité du discours force souvent de sacrifier des expressions heureuses et tardives à la nécessité d'éviter l'hésitation ; mais cet obstacle à la parole laisse la plume en liberté. Aussi doit-on indispensablement éviter avec les redites, les ratures, les renvois, les mots oubliés, toute confusion d'idées, toute construction pénible. Si l'on écrit familièrement à un égal, à un ami, ces taches peuvent rester encore; mais dans le cas contraire, la lettre est à recommencer.

La plus exacte observation des règles de la langue est de rigueur; une faute d'orthographe, un tour incorrect ne peuvent passer, même dans la lettre la moins soignée, dans le plus futile billet. La correction n'en est pas même admise; car, outre qu'elle salit la lettre, elle révèle l'ignorance ou l'inattention de celui qui l'écrit. Par tous ces motifs, il est bon de commencer par faire un brouillon, lorsqu'on a peu d'usage du style épistolaire, et que, très jeune encore, on ne se rappelle point parfaitement les leçons de la syntaxe et du dictionnaire. Quelques personnes, il est vrai, blâment cette précaution, qui, disent-elles, empreint le style d'affectation et de raideur. Ce reproche ne me semble pas fondé. La perte de tems qu'entraîne cette mesure est un inconvénient plus réel ; et par ce motif et par l'embarras où l'on peut se trouver, il est bon de s'habituer à faire sur-le-champ une lettre avec propreté, élégance et correction.

Le choix des matériaux, sans être fort essentiel, est pourtant nécessaire : écrire avec de très gros papier, n'est permis qu'aux gens des plus basses classes ; se servir de papier doré sur tranche et parfumé pour des lettres d'affaires, serait un ridicule contre-sens. Le choix du papier doit être en rapport avec les personnes, l'âge, le sexe, la condition des correspondans. Les papiers ornés dont nous venons de parler ; les papiers encadrés de vignettes de couleur et gaufrés, avec des ornemens en relief sur les bords, les papiers encadrés de vignettes à jour; les papiers légèrement colorés de nuances tendres, sont destinés aux jeunes dames, aux personnes dont la position, les goûts, la dignité, supposent des habitudes de luxe et d'élégance. Toutefois, beaucoup de gens distingués préfèrent avec raison, en ce genre, la simplicité, et font usage de très beau papier, mais sans aucun ornement.

Il est pourtant de fort bon ton de faire imprimer au gaufrage les initiales de son nom en tête du papier dont on se sert. On y fait joindre ses armes, s'il y a lieu.

Lorsqu'on est en deuil, on emploie du papier encadré d'une ligne noire.

Les gens d'affaires, les chefs d'entreprises, d'établissemens, les personnes considérables ayant plusieurs titres, se servent de papier à *tête imprimée;* c'est-à-dire qu'en tête se trouve le nom de leur résidence, les trois premiers chiffres de la date de l'année, leur adresse, et ces mots, *Monsieur un tel* (suivent les titres) *à M.* Ce dernier mot est en blanc.

Il est extrêmement impoli d'écrire une lettre sur une simple feuille de papier, même lorsqu'il s'agit d'un billet ; il faut toujours que le feuillet soit double, n'écrirait-on que deux ou trois lignes. C'est plus grossier encore de se servir pour enveloppe, de papier sur lequel se trouvent un ou deux mots étrangers à la lettre, qu'ils soient écrits ou imprimés.

Les poulets, les missives pliées à plis alongés, les demi-enveloppes, sont de peu d'usage. Une lettre pliée en quatre surtout lorsqu'elle est de papier coquille vélin, doit être aplatie sur les replis au moyen d'un couteau à papier.

La politesse doit encore déterminer les frais de port. Elle exige que l'on affranchisse la lettre lorsqu'on écrit à des personnes distinguées, à ceux dont on réclame quelques services; mais affranchir serait une malhonnêteté, et quelquefois une indélicatesse, lorsqu'on s'adresse à des amis, à des connaissances, à des personnes peu fortunées que l'on doit craindre de blesser. Il faut alors, pour leur éviter des frais ou des mécontentemens, tâcher de faire naître quelques occasions.

Les lettres du premier de l'an, de fête, s'écrivent ordinairement à l'avance, de manière à parvenir la veille ou le jour même. Cette mesure est exigée envers des parens; pour amis et connaissances intimes, on a la semaine qui suit, et pour toute autre personne le mois entier.

Il est aussi indispensable de répondre quand on vous écrit que lorsqu'on vous parle, et la paresse que se permettent tant de correspondans est une incivilité. Lorsqu'enfin ils se décident à faire une réponse, ils débutent par des excuses si constamment renouvelées qu'elles deviennent des lieux-communs. Il faut beaucoup d'adresse et de soins pour que ces excuses ne soient pas la chose la plus ridicule. La concision, quelques tours neufs sont indispensables en ce cas. La même observation s'adresse aux reproches faits à cet égard.

Les lettres remplacent les visites, ainsi

que nous l'avons vu pour les cadeaux, mariages, enterremens, cérémonies, etc.; négliger d'écrire en pareil cas est une impolitesse grossière.

On ne peut écrire deux personnes dans la même lettre, de manière que l'une écrive sur le premier feuillet, et l'autre sur le second, que lorsqu'on est intime avec le correspondant. Il en est de même pour les apostilles. Se servir dans une missive de tours empruntés aux langues étrangères, comme, *je vous baise les mains*, des Italiens, ne se permet que dans la familiarité. Le ton des hommes qui écrivent aux dames doit avoir toujours un vernis de respect dont elles sont dispensées en leur écrivant. A moins de grande cérémonie, une femme ne peut pas plus écrire à un homme, *j'ai l'honneur d'être*, qu'elle ne peut dire, *j'ai l'honneur de vous saluer*, tandis qu'il doit employer les formules les plus respectueuses : *Daignez, madame me permettre; per-*

mettez que j'aie l'honneur de vous présenter mes hommages très respectueux, etc.

Servez-vous du style soutenu pour les personnes auxquelles vous devez du respect, du style aisé ou badin, ou même railleur, pour votre ami ; du style galant pour les dames en général. Ne badinez point avec les personnes d'un rang plus élevé. Quelquefois il arrive qu'un grand honore de son amitié un homme de moindre condition, et trouve bon qu'il lui écrive sans cérémonie. Dans ce cas il est permis d'user de la privauté qu'il donne ; mais il faut prendre garde d'en abuser, et lui faire connaître de tems à autre qu'on est toujours prêt à rentrer dans les bornes du respect.

Quand vous écrivez sur un sujet, envisagez-le tout entier avant de faire votre lettre, et traitez tout de suite ce qui le regarde, pour n'y pas revenir après avoir parlé d'autre chose.

Si vous avez plusieurs sujets à traiter

dans une même lettre, commencez par les plus importans ; car si la personne à qui vous écrivez est interrompue en la lisant, elle aura plus d'impatience d'en reprendre la lecture, pour peu qu'elle y ait trouvé quelque chose d'intéressant.

Il est utile et commode de commencer une nouvelle ligne à chaque changement de matière.

Après avoir écrit *monsieur* ou *madame* au haut d'une lettre, c'est une faute de commencer la lettre par un de ces mots : *Monsieur, madame votre sœur m'écrit que...* Il faut dire : *J'apprends par une lettre que m'écrit madame votre sœur.*

C'est une grande impolitesse que d'écrire *votre père, votre mère.* On dit toujours : *monsieur votre père, madame votre mère.*

C'est une faute contre le respect que de nommer la personne à laquelle on écrit.

Gardez-vous aussi, dans une lettre écrite

à une personne digne de respect, d'y faire des complimens à quelqu'un. Écrivez à ce tiers ce que vous voulez lui faire savoir.

Les mots de *monseigneur, monsieur, madame, mademoiselle, majesté, altesse, excellence*, ne doivent jamais être écrits en abréviation, soit à la personne, soit en parlant d'elle, lorsqu'elle a quelque rapport avec celui qui doit recevoir la lettre.

Les chiffres ne s'emploient que pour les sommes et les dates; les nombres d'hommes, de jours, de semaines, etc., s'écrivent tout au long.

§ II.

De la forme intérieure et extérieure des lettres.

La forme intérieure de la lettre comprend les titres et les qualités des personnes à qui il est juste d'en donner; les phrases plus ou moins obligeantes dont on se sert; la manière plus ou moins respectueuse dont le commencement et le corps de la lettre sont disposés; les termes plus ou moins humbles dont on se sert pour la souscription, l'adresse ou suscription.

La forme extérieure regarde la grandeur du papier; le blanc qu'il faut laisser, entre la *védette* et la première ligne; entre la dernière ligne, l'appelation et la souscription; la manière de plier la lettre, le choix et l'application du cachet.

On écrit au pape au haut de la lettre : *Saint père* ou *très saint père*; et au lieu de *vous*, *votre sainteté* ou *votre béatitude*; à un cardinal-prince : *monseigneur, votre altesse éminentissime.*

A un cardinal : *monseigneur, votre éminence.*

A un archevêque ou évêque : *monseigneur, votre grandeur.*

A un empereur ou une impératrice, on dit *Sire* ou *madame;* au lieu de vous: *votre majesté impériale.*

Au roi, on dit également : *Sire, votre majesté.*

A la reine : *madame, votre majesté.*

Au frère du roi : *monseigneur, votre altesse royale.*

A un électeur de l'empire : *monseigneur, votre altesse électorale.*

A un prince souverain : *monseigneur, votre altesse sérénissime.*

A un prince : *monseigneur, votre altesse.*

A un ambassadeur ou à un ministre : *monsieur, votre excellence.*

Au chancelier de France : *monseigneur, votre grandeur,* Les titres de *grandeur* et d'*excellence* ne se donnent point aux dames.

Les filles du roi s'appellent *madame* dès le berceau.

A un maréchal de France on dit : *monseigneur* ou *monsieur le maréchal, vous.*

A un lieutenant-général, et à un maréchal-de-camp : *monsieur le général,* ou simplement *général.*

Ceux qui ont une connaisance exacte de la langue et des usages savent quelles sont les manières de s'exprimer les plus obligeantes. En voici quelques exemples où l'on remarquera aisément les divers degrés de respect.

J'ai reçu la lettre dont il vous a plu de m'honorer.

J'ai reçu la lettre que vous m'avez fait la grâce de m'écrire, que vous m'avez fait l'honneur de m'écrire, que vous vous êtes donné la peine de m'écrire.

J'ai reçu votre lettre du 12 du mois.

Il y a des gens qui commencent leurs lettres par ces mots : *j'ai reçu la vôtre du 12 courant*, c'est un faute ; il faut dire : *votre lettre*. Ce style est celui des marchands, qui, surchargés d'affaires, sont obligés de faire des abréviations. Il faut bien se garder de les imiter en cela dans l'habitude de la vie. Il faut en dire autant à l'égard des personnes qui écrivent : M. un tel a *celui* de vous adresser ces mots, etc., pour exprimer le *plaisir* de vous adresser; et ceux qui font lire en tête de leurs missives : J'ai reçu *votre honorée* de telle date; ou bien, en réponse *à votre honorée;* et encore : *je vous écris ce peu de mots.* Toutes ces formules sont répréhensibles.

Il ne faut jamais répéter dans la première phrase d'une lettre le nom *monseigneur, monsieur* ou *madame,* par lequel on l'a commencée. Mais quand on écrit au roi ou à un prince, ou même à un ministre, il faut dès la seconde ligne employer les mots de *votre majesté,* ou de *votre altesse,* ou de *votre excellence,* et les répéter de tems en tems dans le corps de la lettre, si elle a une certaine longueur.

On ne doit jamais mettre dans une lettre les mots, *sire* après *votre majesté* ni *monseigneur* après *votre altesse* ou *votre éminence;* mais on peut les mettre devant. Ainsi l'on peut dire, par exemple : *Sire, votre majesté ne souffrira pas ; madame, votre majesté est si sage,* et ainsi des autres.

Quant à la souscription d'une lettre, on ne met guère *je suis* tout simplement, sans y ajouter une de ces phrases : *Avec le plus profond respect, avec un profond respect, avec un parfait dévouement, avec un attachement parfait,* etc. Aux personnes qui ont le titre de *majesté, d'altesse, d'éminence, de grandeur,* etc., on dit : *je suis, de votre majesté, de votre altesse,* etc., *le très humble,* etc.

Les mots *estime* et *affection* ne s'emploient qu'envers les personnes d'un rang inférieur, parce qu'ils ne sont ni assez civils ni assez respectueux ; mais quand ils sont accompagnés de quelques mots qui les relèvent, alors ils n'ont rien de choquant. Ainsi l'on peut dire : *Je suis avec un profond respect et la plus haute estime,* etc.

Les formules suivantes sont très élégamment usitées :

Agréez, monsieur, les assurances de la parfaite considération, etc.

Veuillez agréer les témoignages de la considération distinguée, etc.

Recevez, madame, tous les hommages de votre, etc.

Daignez agréer, madame, le fidèle tribut de mes respectueux hommages.

Et autres semblables.

On a peut-être trop simplifié de nos jours la formule de la souscription des lettres. Il n'est permis qu'entre égaux de mettre : *J'ai l'honneur de vous saluer...* La formule, *J'ai l'honneur d'être*, est moins respectueuse que celle, *Je suis*, etc.

Les lettres en placet ou requête doivent être in-folio, c'est-à-dire sur une feuille de papier dans toute son étendue; elles doivent être écrites à mi-marge; les espaces en blanc qu'on doit laisser entre le bord supérieur du papier et la vedette, et entre la vedette et la première ligne, sont très différens, selon le degré d'infériorité ou de supériorité. Plus ils sont grands, plus ils sont respectueux. La première ligne doit toujours se commencer au-dessous du milieu de la page, quand on écrit à une personne à laquelle on doit du respect; mais la seconde page commence une ligne au-dessous de la *vedette*. Il doit toujours rester un espace blanc entre les derniers mots de la souscription et le bord inférieur du papier. S'il n'en restait pas assez, il vaudrait mieux réserver une ou deux lignes pour la page suivante, que de manquer à cet égard.

Pour une lettre familière, il est devenu de meilleur ton de ne plus du tout laisser de marges. C'est toutefois sur ces lettres-là seulement que les marges peuvent-être utiles, en recevant une ligne verticale quand tout le papier est employé.

La date de la lettre peut se mettre au commencement quand on écrit à un égal; c'est un devoir de la mettre à la fin lorsqu'il s'agit d'un supérieur, afin que le titre qui commence la lettre soit parfaitement isolé. Dans les lettres d'affaire ou de commerce, au contraire, il est nécessaire de dater en haut et à la première ligne, pour que l'on saisisse commodément l'ordre chronologique des dépêches.

La date est, dans beaucoup d'occasions, nécessaire pour l'intelligence de plusieurs passages de votre lettre, ou pour expliquer le sens d'une dépêche que votre correspondant reçoit en même tems d'une autre personne.

Dans un simple billet, on met la date du jour, *ce lundi*, etc. Il est bon quelquefois d'ajouter la date de l'heure.

Toute lettre à un supérieur doit être pliée en quatre au plus, et toujours avoir une enveloppe. C'est manquer au respect que de cacheter avec du pain à cacheter; il faut de la cire d'Espagne. Les hommes la prennent ordinairement de couleur rouge; les jeunes dames se servent de cire dorée, rosée et de diverses couleurs. Les uns et les autres font usage de cire noire lorsqu'ils sont en deuil. Hors cette triste circonstance, la couleur des pains à cacheter est indifférente, mais non leur dimension, car ceux qui sont très larges sont de mauvais goût. Plus ils sont petits et lustrés, plus leur emploi est de bon ton. Quoique la cire soit préférable, il est cependant des cas où l'on s'en abstient; c'est lorsqu'on craint que le cachet ne soit levé.

On emploie maintenant de jolis pains à cacheter, lustrés, à devise gaufrée. Ils se posent en dessus, et sont de très bon goût.

Quand la lettre est fermée avec ou sans enveloppe, on n'y appose qu'un seul cachet; mais lorsqu'elle est longue, on en met deux. Outre cela, si elle contient des papiers importans, et qu'en conséquence elle soit *assurée* ou *chargée* au bureau de la poste, elle reçoit trois ou cinq cachets, suivant la nature et l'étendue de l'enveloppe. Lorsqu'une personne se charge d'une lettre par une obligeance, il est très impoli d'y mettre plus d'un cachet. Si la missive était pliée de manière qu'en l'entr'ouvrant sur le côté on pût lire une partie de son contenu, il serait également impoli d'ajouter sur les bords un peu de cire. On ne peut user de cette précaution que lorsque la lettre est remise à la poste ou dans les mains d'un domestique.

Quand on ne fait point d'enveloppe, et que la troisième page de la lettre est tout écrite, on ménage un peu de blanc à la place que doit couvrir le cachet. Sans cette précaution, plusieurs mots, souvent très importans, se trouveraient couverts.

On ne doit pas cacheter une lettre respectueuse avec un antique. Il est plus civil de se servir de ses armes ou d'un chiffre.

Les gens qui n'ont point d'armes et qui ont du goût, adoptent un cachet portant une devise ingénieuse en rapport avec leur état, leurs sentimens.

Une lettre *ostensible*, ou lettre de recommandation, ne doit pas être cachetée, parce que le porteur en doit nécessairement connaître le contenu. La cacheter, sans la lui avoir fait lire auparavant, serait un procédé peu poli. Il faut prouver à la personne recommandée, que vous avez mis tout en œuvre pour lui rendre service.

Le bon usage règle encore la suscription des lettres, et la mode y fait de tems à autres des corrections. Naguère on rappelait deux fois le mot *monsieur* ou *madame*, en mettant le nom après la seconde fois. Il n'est plus du tout reçu depuis long-tems de mettre *à monsieur, à madame,* on supprime la préposition; on la supprime également devant le nom de la ville. Mais outre cela, depuis une ou deux années, on ne met plus qu'une fois, sur une seule ligne *monsieur ou madame* N. C'est tout-à-fait du meilleur ton, et autrefois c'était un des mauvais usages du commerce, où il faut être expéditif; on l'imite encore pour autre chose, et si l'on écrit à quelqu'un dans la ville que l'on habite, au lieu du nom de cette ville on met, *en ville*, ou seulement *en v.*

Autrefois les seules personnes d'affaires mettaient pour abréger *n*, pour signifier *numéro*, ou même elles écrivaient le chiffre seul. Cet usage a prévalu à Paris : le besoin d'aller vite a fait admettre les abréviations comme chose élégante et polie, et maintenant une suscription de lettre se fait ainsi. (Nous supposons le nom, la rue, le chiffre, pour plus de clarté.)

Madame Storey,
22. Rue (ou même R.) St.-Honoré,
Paris.

On supprime même ce dernier mot, si la lettre a été jetée dans une boîte à Paris même.

S'il est nécessaire d'indiquer le faubourg, comme par exemple pour distinguer une rue Grenelle de l'autre, on met Fg St.-Germain.

Ou même Fg St.-G.

Pour indiquer le département, on n'écrit pas du tout ce dernier mot, ni entier ni par abréviation. Ainsi :

Monsieur tel,
Guéret.
Creuse.

Il n'y a que des conscrits et les paysans qui plient une lettre comme un paquet d'apothicaire, qui omettent d'appuyer un cachet sur le pain à cacheter, ou qui le fixent à coups d'épingle.

On ne cachète jamais les placets que l'on présente au Roi et aux membres de la famille royale.

Quelques personnes distinguées sont flattées qu'on omette de désigner exactement leur adresse. C'est un abus : il faut clairement indiquer la ville et le département, quand il y a plusieurs villes du même nom. A Paris il est bon d'écrire exactement le nom de la rue, le numéro et le quartier.

On n'adresse ordinairement une lettre

qu'à une seule personne; mais lorsqu'il s'agit de lettre de *part*, l'adresse peut être collective, et faire mention de tous les membres d'une famille.

Il est bon d'ajouter au nom inscrit sur l'adresse le titre ou la profession, afin de prévenir toute méprise. Toutefois, si les circonstances avaient forcé quelqu'un de votre connaissance de prendre une place très inférieure, il serait indélicat de joindre à son nom celui de cet emploi.

Quand on écrit au Roi, on met simplement sur l'adresse, *au Roi*. Aux rois étrangers on met: *à sa Majesté Catholique* ou *à sa majesté Britannique*, etc.

Aux personnes qui ont titre d'altesse, on met: *à son Altesse*, puis leur qualité. Aux ministres et ambassadeurs, on met: *A son Excellence le Ministre* ou *l'Ambassadeur*. Lorsqu'une personne a plusieurs titres, on choisit le plus considérable, et on omet les autres.

Dans les billets, on met la date au haut

du papier, et on recommence le discours à deux doigts au-dessous. Le mot *monsieur* se met dans la première ligne. On finit par quelqu'une de ces phrases: *Je suis, monsieur, tout à vous, je suis entièrement à vous,* etc. On n'écrit de billet ni aux dames ni aux supérieurs, le billet n'ayant été inventé que pour éviter le cérémonial.

Les billets les plus familiers s'écrivent à la troisième personne, contre l'acception ordinaire. Ils contiennent très peu de chose, et commencent ainsi : *Monsieur ou madame N, a l'honneur de saluer, font leurs salutations ou présentent leurs complimens à monsieur un tel, et le prient,* etc. Après avoir fait la demande, on termine en disant, *il obligera son dévoué serviteur.* Entre personne de même état, on dit *confrère* : si l'on est de la même ville, on dit *compatriote,* car la politesse doit saisir toutes les occasions de rapprochement.

Dans ce genre de billets, il importe de ne pas employer le pronom *il* ou *elle,* car indépendamment de l'incivilité, il pourrait en résulter de la confusion. Quelquefois il serait difficile de savoir si ce pronom se rapporte à la personne qui reçoit la lettre, ou à celle qui l'écrit.

Il faut être extrêmement familier avec ses correspondans, pour rejeter le vocatif *monsieur* à la seconde ou à la troisième ligne : il vaudrait mieux l'omettre tout-à-fait.

Je terminerai ce chapitre sur les convenances épistolaires par une observation relative aux lettres amicales et familières ; non que j'aie la folie de prétendre régler par un cérémonial quelconque les effusions du sentiment ; mais c'est qu'en effet, rien n'est plus froid et plus ridicule que ces accumulations d'épithètes, *votre tendre, sincère et constante amie, et ces mille et mille amitiés, ces milliers de baisers,* etc.

CHAPITRE VIII.

PARTIES ACCESSOIRES DES RELATIONS SOCIALES.

Je comprends sous ce nom tous les procédés relatifs à l'obligeance, tels que services, prêts, cadeaux, conseils, et aussi les procédés relatifs à la discrétion, tels que respect des entretiens, des lettres, des secrets, confidences, etc.

§ Ier.
De l'Obligeance.

Une personne polie est nécessairement obligeante. Le sourire est toujours sur ses lèvres, l'empressement dans ses regards lorsqu'on réclame ses bons offices. Elle sait que, rendre service de mauvaise grâce, n'est pas rendre service en effet. Si elle est forcée de refuser, elle le fait avec tant d'adoucissement, tant de délicatesse; elle exprime de si touchans regrets, qu'elle inspire encore de la reconnaissance; puis, enfin, comme sa conduite lui semble toute naturelle; comme elle pense réellement que, lui offrir l'occasion d'obliger, c'est l'obliger elle-même, elle se dérobe sans affectation, comme sans effort, à tout remercîment.

Cet aimable caractère, suite nécessaire d'une parfaite civilité, ne se trouve pas toujours avec tout son charme dans le monde. Il est des gens obligeans d'ailleurs, qui se font arracher les services, qui se font valoir, qui aiment à être suppliés, remerciés avec excès. Oh! ne les imitez pas : ils rendent les gens ingrats malgré eux; ils font un poids, un tourment de la reconnaissance. Lorsqu'on vous demande quelque service, répondez gracieusement, *disposez de moi, trop heureux de vous être utile*, ou bien d'un air attristé, *plaignez-moi, il est tel obstacle*, etc. Puis, examinez les moyens de vaincre cet obstacle, quand même vous seriez assuré à l'avance qu'il n'en existe aucun.

D'autres personnages, prétendus polis, font des protestations de service et de zèle, sans se mettre en peine de les soutenir dans l'occasion : telle est, à cet égard, leur légèreté, qu'on peut vraiment les comparer à ces faux braves qui parlent toujours de se battre, et que la vue seule d'une épée nue met en fuite. Ces marques d'empressement doivent être suspectes, dès qu'elles sont employées à chaque instant et sans raison ; l'usage du monde apprend à les discerner, et à y donner le degré de confiance qu'elles méritent.

Toutefois on peut féliciter les gens, leur souhaiter du bien, avoir l'air de prendre part au récit qu'ils vous font de leurs affaires, sans réellement leur porter le moindre intérêt. On n'est pas maître d'être ou de n'être pas indifférent à leur égard, mais on est obligé de leur éviter de la gêne et de l'ennui, ce qu'ils éprouveraient infailliblement si on leur montrait la froideur qu'ils inspirent. C'est aux personnes qui savent leur monde, à ne pas confondre cette condescendance de la politesse avec l'empressement fallacieux des don Quichotte de salon dont nous avons parlé plus haut.

Pour qu'un service soit achevé, il importe qu'il soit rapide ; rien n'étant plus désobligeant que la lenteur, que l'alternative où vous placez la personne, ou de vous adresser de nouvelles sollicitations, ou de souffrir de votre retard. Votre tardif secours peut même lui être très préjudiciable, car elle souffrira long-tems avant de se résoudre à vous importuner de nouveau. Mettez donc beaucoup de célérité. Si quelques circonstances vous ont empêché d'agir, avertissez la personne, excusez-vous auprès d'elle et promettez de réparer vos torts. De son côté, votre obligé futur se gardera bien de faire entendre un seul reproche, et de vous aborder d'un air mécontent.

Lorsque quelqu'un qui se trouve chez

vous a besoin de quelque vêtement, comme un schall, un mouchoir, un chapeau, offrez-le avec un empressement gracieux, combattez le refus qu'on pourrait opposer (ce que la bienséance n'exige nullement), choisissez ce que vous avez de mieux, et finissez par engager la personne à ne point se presser de vous renvoyer vos effets. S'il fait mauvais, et qu'il y ait lieu, offrez un parapluie ou bien votre voiture. Ces objets sont renvoyés le lendemain par un domestique chargé de remercier. Si ce sont des effets de lingerie, on ne les rend qu'après les avoir fait blanchir.

Lorsqu'une dame emprunte à une dame des parures, des bijoux, celle-ci doit toujours offrir beaucoup plus qu'on ne lui demande : elle doit outre cela garder un profond silence sur les objets qu'elle a prêtés, et même s'abstenir de les porter ensuite de quelque tems, afin d'éviter qu'on les reconnaisse. Si quelqu'un, s'apercevant de l'emprunt, en parlait à la personne qui l'a fait, il passerait pour un personnage mal appris. Si la personne vous en parle, il est bon de répondre que l'on n'avait rien reconnu. Tous ces conseils sont des minuties, mais que voulez-vous? ils concernent l'amour-propre féminin.

Un emprunt qui a lieu journellement, et qui a lieu le plus souvent au détriment des possesseurs, c'est l'emprunt des livres. On oublie même tellement la délicatesse à ce sujet, que des bibliophiles, très complaisans d'ailleurs, se sont vus forcés de renoncer à faire des prêts si onéreux. La chose est pourtant difficile, on ne peut pas dire : *Je ne veux pas vous prêter cet ouvrage;* mais si l'emprunteur est douteux, il faut dire qu'on en a besoin, à son très grand regret; qu'on le prêtera sous peu de jours. Puis en définitive on ne le prête pas.

Mais les gens bien élevés ne demandent jamais tout simplement un livre : ils attendent qu'on le leur offre; ils font quelques difficultés avant de l'accepter; ils s'informent du tems qu'ils pourront le garder, et le rapportent exactement au jour prescrit. Afin de prévenir tout accident, ils recouvrent d'étoffe ou de papier, ce livre, que la complaisance, plus encore que sa valeur, doit leur rendre précieux, ils se gardent bien de plier les feuillets, d'y faire des taches, des notes marginales, etc.

S'il arrive quelqu'accident à la chose empruntée, il faut, sans en rien dire, le faire réparer au plus tôt. Nous ne nous occupons pas d'emprunts plus considérables, qui sont hors des attributions de la politesse.

§ II.

Des Cadeaux.

Aux yeux des personnes délicates, les cadeaux n'ont de prix que par la manière dont ils sont offerts ; que nos conseils s'efforcent donc de leur donner cette valeur.

Les cadeaux s'offrent : 1° aux parens,

aux amis, et cela en diverses circonstances; à notre arrivée dans un lieu d'où nous avons été long-tems absens ; quand nos intimes quittent la ville que nous habitons, au retour d'un voyage, surtout d'un voyage à Paris ; dans des pays remarquables et lointains; aux jours de naissance ou de nom, le jour du premier de l'an.

Mais ce jour-là n'est pas uniquement l'occasion d'échanger des cadeaux en famille, il est encore celle de reconnaître des services, des honnêtetés ; de faire une cour respectueuse aux dames, à des supérieurs que l'on veut honorer. Il offre encore un moyen délicat de secourir les infortunés.

2° Aux époques des récoltes, si on a des terres; de la chasse, si l'on est chasseur ; il est de bon ton d'envoyer à ses connaissances intimes de beaux fruits, des fleurs rares, quelques pièces de fin gibier.

3° Les cadeaux les plus délicats sont les produits de notre industrie : un dessin, un ouvrage à l'aiguille, un cadre en cheveux, etc. Mais de telles offrandes, inappréciables pour l'amitié, ne sont pas d'usage en cérémonie.

Après les convenances de tems, viennent, pour les cadeaux, les convenances de choix ; généralement le luxe et l'élégance doivent présider à celles-ci ; mais cette règle souffre de nombreuses exceptions : et quoiqu'il serait déplacé d'offrir des choses purement utiles (auxquelles certaines circonstances pourraient donner l'apparence de secours). On serait dans l'erreur de croire un cadeau convenable par cela seul qu'il est brillant. Il faut de toute nécessité qu'il soit assorti aux goûts, à l'âge, à l'état des personnes, à leurs rapports avec vous. Ainsi à des supérieurs, vous offrez seulement des bourriches ; à un homme studieux, des livres (1); à un ami des arts,

---

(1) Il n'est pas honnête, lorsque ce sont des brochures, d'offrir des livres dont les feuillets sont coupés.

de la musique, des gravures ; aux jeunes dames, de légers et gracieux objets de toilette, etc.

Les cadeaux doivent exciter la surprise et le plaisir, aussi devez-vous en faire mystère, et les présenter avec l'air de la plus joyeuse amabilité. Quand vous aurez fait votre offrande et que les remercîmens seront épuisés, ne ramenez jamais la conversation sur elle ; gardez-vous bien surtout de la faire valoir. Au contraire, lorsqu'on en relèvera le mérite, lorsqu'on vous montrera une vive satisfaction, dites que la chose tire tout son prix de vos sentimens.

Quelque peu d'agrément que puisse avoir un cadeau, quelque ridicule même qu'il puisse être, ne pas témoigner beaucoup de plaisir en le recevant, serait une grossièreté. Il faut encore, quand le hasard vous fournit l'occasion d'en parler, ne pas manquer de dire au donataire, combien son présent vous est utile ou agréable. Plus de tems s'est écoulé, plus cette attention est aimable ; elle prouve que vous avez conservé l'objet avec soin. Et cela me fait souvenir qu'il ne faut jamais donner un présent reçu à d'autres personnes, ou que du moins il faut s'arranger de manière à ce que cela ne soit pas connu.

Il est bon de mêler aux témoignages de reconnaissance quelques reproches sur la valeur élevée de l'objet, mais non point d'insister long-tems, de se récrier avec force. Il est des circonstances où ces déclamations pourraient sembler inspirées par l'avarice et l'indélicatesse ; elles sont d'ailleurs de mauvais goût dans tous les tems.

On offre souvent un cadeau à quelqu'un dans la personne de ses enfans, de sa femme, surtout à l'époque du premier de l'an, où il est d'usage de présenter au moins des sucreries à la jeune famille de ses connaissances. A Paris, on fait de semblables présens aux dames ; dans la province, on s'en abstient. Partout, lorsqu'on a reçu un cadeau de quelque valeur, on fait une visite, ou, si l'on est éloigné, on adresse une lettre de remercîmens. Chacun sait que l'usage veut que l'on fasse au domestique porteur du présent une gratification de valeur relative.

§ III.
Des Conseils.

Les conseils sont fort bonne chose, il est vrai ; c'est cependant ce qui dans le monde déplaît le plus. Un donneur d'avis qui répète sans cesse : *A votre place, j'agirais ainsi,* rebute chacun par son orgueil et son indiscrétion. Cet impertinent devrait savoir qu'on ne doit donner des conseils que lorsqu'on le demande, et que le nombre des demandeurs est fort restreint ; mais il ne s'agit point ici de ces réflexions vaniteuses, mais des conseils dont l'obligeance, dont l'affection font un droit. Il importe d'y mettre infiniment de réserve et de soin, parce que autrement vous sembleriez avoir un ton de supériorité qui pourrait armer l'amour-propre de votre ami contre vos plus sages conseils. Des formules de la modestie ici nulle n'est superflue : *Il est possible que je me trompe; je serais bien loin d'avoir le courage que j'exige de vous*, etc. Si l'on fait quelques objections, ne dites pas: *Vous ne comprenez pas*, mais, *Je me suis mal expliqué*, etc.

§ IV.

De la Discrétion.

Les convenances de la discrétion sont tellement senties par les personnes bien nées, qu'elles ne pèchent contre elles que par oubli. Il suffira donc de leur en présenter l'énumération sans vouloir leur en montrer la nécessité.

La discrétion commande d'abord le respect des entretiens. Si, lorsqu'on entre chez quelqu'un, on entend causer avec vivacité, on marche plus fort afin d'avertir les interlocuteurs. Si, dans une assemblée, deux personnes se retirent à l'écart pour parler d'affaires, on a soin de ne pas s'approcher d'elles, et de ne leur parler que lorsqu'elles se séparent.

Les gens qui ont un peu vécu dans le monde savent aussi qu'il est essentiel de pas s'immiscer avec curiosité dans les affaires ou dans les habitudes des personnes que l'on va voir; ils n'ignorent pas quelle est la conduite à tenir en cas d'occupations soudaines; mais les adolescens peuvent l'ignorer, et je les prie d'y faire attention.

Dès que nous voyons la personne occupée, on se retire, ou du moins on en fait la démonstration; si elle nous retient, nous nous retirons à l'écart, nous affectons de contempler un tableau, de regarder par la fenêtre, pour prouver que nous demeurons étrangers à ce qui l'applique. Mais le soin de nous créer une occupation soudaine, ne doit point nous porter à feuilleter les livres placés sur la cheminée ou ailleurs; à parcourir des brochures; à toucher des cartes de visite, des lettres, même pour se borner à en lire la suscription. Si la personne ouvre des tiroirs, cherche dans des armoires, c'est une grossière curiosité de s'approcher pour voir les objets qu'ils renferment. Si, parmi une quantité de choses précieuses, elle en prend une pour vous la montrer, bornez-vous à contempler celle-ci sans paraître songer aux autres.

Si, pendant le tems où la personne visitée ne peut être avec nous, il se rencontre un autre visiteur qui, pour passer le tems, tire un journal ou un livre de sa poche, il serait extrêmement incivil de lire par-dessus son épaule; il en est de même de lire ainsi ce qu'une personne écrit.

Il n'est pas permis de tirer des livres d'une bibliothèque, mais on peut, on doit même en regarder les titres, afin d'adresser des éloges sur le bon goût qui a présidé au choix des ouvrages.

S'il arrive que quelqu'un fasse voir dans un cercle un objet rare et précieux, ne vous hâtez point de le demander, d'y porter la main ; attendez modestement qu'il vienne jusqu'à vous, ne l'examinez point trop long-tems lorsqu'il vous sera parvenu, et si par hasard quelque mal-appris le demandait avant que vous ne l'eussiez vu, ne réclamez pas : il vaut mieux souffrir cette petite privation que de passer pour un curieux mal élevé.

Quelque insignifiant que soit l'objet vanté, ne le critiquez pas ; si l'on vous demande votre avis, répondez brièvement quelques mots d'éloge ; si la chose est réellement curieuse, abstenez-vous de complimens exagérés.

Violer le secret des lettres, sous quelque prétexte que ce soit, est une indiscrétion si basse, si odieuse que je n'ose en dire un seul mot ; cependant, je crois devoir dire qu'il est encore très répréhensible de chercher à lire quelque partie d'une lettre pliée de manière à s'entr'ouvrir sur le côté ; que lorsqu'on vous donne à lire certain passage vous concernant dans une missive, vous devez mettre le doigt au-dessous de ce passage, afin de ne rien lire au-delà : que si l'on vous permet d'ajouter quelques complimens dans une dépêche, vous aurez la discrétion de n'y pas jeter les yeux, et que vous vous hâterez, pour ne pas donner à penser que vous profitez de la circonstance.

La bienséance s'oppose aussi, en certains cas, à ce que l'on soit trop pressé de connaître ses propres affaires. Par exemple, si une personne vous apporte une lettre, il ne faut pas vous hâter de l'ouvrir, mais considérer si cette lettre regarde le messager, ou seulement si elle ne concerne que vous seul. Dans la première hypothèse, vous devez l'ouvrir, et la lire tandis qu'il est présent : dans la seconde, vous mettez la lettre à l'écart.

La bienséance n'impose point tant de frein à la curiosité dans les petites choses pour la laisser libre dans les cas importans. Aussi, nous ne dirons pas qu'on doit garder religieusement un secret ; qu'une confidence reçue est un dépôt sacré ; mais nous avertirons les gens curieux qui désirent connaître une circonstance cachée, qu'ils se couvriraient de honte s'ils ne cessaient sur le champ toute instance à ce seul mot: *c'est un secret.*

CHAPITRE IX.

DES VOYAGES.

Ce chapitre accessoire et qui ne se rattache qu'imparfaitement aux relations sociales, doit pourtant se trouver ici, car nous ne voulons absolument faire aucune omission volontaire ; et, d'ailleurs, en voyage, si les devoirs de la politesse sont peu nombreux, ils n'en sont pas moins obligatoires.

Les voyageurs doivent faire des visites d'adieux à leurs connaissances, auxquelles ils demandent leurs commissions. Il serait indiscret, à moins d'une intimité parfaite, d'accepter cette proposition, ou de s'informer si les voyageurs veulent se charger de telle ou telle chose, surtout s'il s'agit de paquets ; lorsqu'on est très lié avec eux, on les prie de donner des nouvelles de leur arrivée.

Avant le départ, les voyageurs sont inscrits par ordre de numéros au bureau des voitures publiques. D'après cette mesure, chacun prend la place qui lui est assignée. La galanterie française demande cependant qu'un homme offre poliment la sienne à une dame qui en aurait une moins commode ; car il paraîtrait inconvenant qu'il se trouvât assis dans le fond, tandis que celle-ci siégerait sur la banquette du devant. Certaines personnes ne peuvent supporter le mouvement de la voiture quand elles sont placées en face du fond; cette manière d'avancer à reculons les incommode extraordinairement. Des cavaliers polis se feront un plaisir de leur éviter ce désagrément. Les dames, de leur côté, ne doivent pas se montrer trop exigeantes, ni trop mettre à l'épreuve la complaisance des hommes. Cependant ceux-ci s'empresseront, à chaque station, de les aider à descendre, en leur offrant la main et guidant leurs pas sur le marche-pied de la voiture. La même attention aura lieu pour y remonter. On serait mal vu de profiter de sa qualité et de la supériorité que donne le rang pour prendre toutes ses aises. Il faut au contraire avoir grand soin de ne gêner qui que ce soit, et témoigner beaucoup d'honnêteté à ses compagnons de voyage.

La bienséance des voyages n'est point rigoureuse comme celle de la société : elle ordonne seulement que l'on ne cause nulle gêne à ses compagnons ; qu'on leur soit agréable ; qu'on leur réponde poliment s'ils vous parlent ; mais elle vous laisse libre, d'ailleurs, de lire, de dormir, de regarder au-dehors, de garder le silence, etc.

Un voyageur serait incivil s'il baissait ou levait les glaces sans consulter les gens qui sont avec lui : s'il prenait, sans leur en offrir, quelques alimens légers, délicats, tels que fruits, gâteaux, sucreries, qu'ordinairement ils n'acceptent pas ; il paraîtrait peu aimable, si connaissant la route, il ne s'empressait d'indiquer les beaux sites, de satisfaire aux questions faites à cet égard : enfin il mériterait le nom d'imprudent et de babillard, s'il causait avec ses voisins d'un moment comme avec des connaissances intimes.

Au retour, il faut s'empresser de porter ou faire porter les commissions que l'on a pu recevoir. Les demi-connaissances auxquelles on a seulement offert par écrit d'être leur messager, n'ont pas droit à une visite de retour : ce droit appartient aux parens, aux amis, aux connaissances intimes.

Au reste, tous ceux dont vous avez été le commissionnaire vous doivent une visite de remercîmens quand cela se peut.

Lorsque vous voyagerez à cheval en compagnie distinguée, donnez la droite, et tenez-vous un peu en arrière, en vous réglant sur le pas de votre compagnon. Il y a une exception à cette règle : c'est le cas où l'un des deux chevaux étant ombrageux il faudrait absolument que l'autre passât le premier pour qu'il le suivît.

Si par hasard vous vous trouvez au-dessus du vent et que vous envoyiez de la poussière à votre compagnon, il faudrait changer de position. Si l'on passe contre des arbres, dont les branches soient à la hauteur des épaules des cavaliers, celui qui marche le premier doit prendre garde que les branches en se remettant à leur place par leur élasticité, ne frappent avec violence sur la personne qui le suit.

Passe-t-on à gué un large ruisseau, une petite rivière, une mare, il est poli d'avancer le premier; mais si l'on n'a pas pris ses précautions d'avance, et que l'on soit derrière, il faut s'éloigner, afin que les pieds du cheval ne fassent pas rejaillir de l'eau ou de la boue sur le cavalier qui vous précède. Si votre compagnon fait galoper sa monture, il ne faut jamais le surpasser, ni faire caracoler votre cheval, à moins qu'il ne témoigne que cela lui est agréable.

TROISIÈME PARTIE.

DEVOIRS DE BIENSÉANCE RELATIFS AUX PLAISIRS.

CHAPITRE PREMIER.

DES REPAS.

La politesse doit, ainsi que nous l'avons vu, diriger, embellir toutes les circonstances de la vie; mais elle est, s'il se peut, d'une nécessité encore plus spéciale pour les plaisirs, qui, sans elle, n'auraient aucun attrait.

Sans vouloir faire ici de trop faciles épigrammes, je dirai qu'un dîner est presque un événement, tant la maîtresse de maison et ses convives ont de bienséances à observer.

Quand on a décidé de donner un repas, on commence par choisir des convives qui pourront tous se plaire ensemble, ou se supporter du moins. Si ce doit être un dîner d'hommes, il n'y aura d'autre femme que celle de l'Amphytrion. Le dîner réglé, on fait deux à trois jours d'avance une invitation verbale ou par écrit. Si l'on est en carnaval, il faut au moins cinq jours, à raison des réunions fréquentes.

Une contrariété assez fréquente est de rencontrer du monde chez les gens que l'on va inviter. Passer outre devant ces étrangers sans faire mention d'eux, est tout-à-fait déplacé et malhonnête: les inviter tous en masse afin qu'ils refusent, comme il ne manquent pas de le faire, a l'air d'une dérision : revenir, surtout lorsque, à propos de ce repas, on a beaucoup à courir, est bien désagréable. Quel parti prendre alors? converser comme si un motif particulier ne vous amenait pas; accepter en vous retirant que le maître ou la maîtresse du logis vous conduise, et là lui adresser en quelques mots gracieux et pressans votre invitation.

Lorsque dans une maison où vous allez chercher des convives, il se trouve une parente, un ami momentanément logé, vous êtes obligé de le comprendre dans l'invitation : l'obligation ne subsiste pas moins s'il est commensal à demeure.

Quand l'invitation a lieu par écrit, il faut répondre sur-le-champ si l'on accepte ou non, quoique le silence soit censé équivaloir à une acceptation. Dans le dernier cas, il faut donner une raison plausible de son refus, et le faire avec beaucoup de politesse. Quand l'invitation a lieu de vive voix, il faut éviter de se faire prier, car rien n'est plus sot et plus désobligeant : on doit accepter ou refuser d'une manière franche et gracieuse, en apportant un motif raisonnable du refus sur lequel on ne doit plus revenir. Il n'est permis de se faire un peu presser que lorsqu'on est prié à dîner par quelqu'un que l'on n'a encore vu que chez une tierce personne, ou lorsqu'on est invité dans une visite ou dans toute autre occasion semblable. Dans la première supposition, si l'on accepte, on va déposer une carte pour préparer la connaissance.

Une fois engagé, on ne peut plus rompre, à moins d'événemens majeurs.

Les maîtres de maison doivent calculer avec soin le nombre des invités, car d'une part, il est désagréable et de mauvais ton de faire trop presser les convives autour de la table; d'autre part, il est contrariant et d'un triste aspect d'y voir çà et là des vides. Or, ces vides se rencontrent assez fréquemment à raison de mille causes diverses qui retiennent les invités. Aussi, pour éviter ce désagrément, est-il bon de faire ses invitations bien à l'avance; afin de pouvoir remplacer, sans qu'il y paraisse, les personnes qui ont refusé.

Lorsqu'il se trouve plus de conviés que n'en peut contenir la table, quelques maîtres de maison croient pouvoir, sans inconvénient, ajouter une autre table plus petite. Ce parti alors indispensable est très scabreux ; car, pour l'ordinaire, les personnes que l'on place à cette table supplémentaire, se regardent comme disgraciées. Aussi, importe-t-il beaucoup de choisir à cet effet les plus jeunes de l'assemblée, des adolescens s'il se peut, ou des gens dont le caractère raisonnable et modeste rassure contre de fâcheuses interprétations.

Lorsqu'une circonstance quelconque vous force de renoncer à vous rendre à l'invitation acceptée, vous devez avertir le plus tôt possible par écrit, en donnant de vifs témoignages de regrets.

Quand les repas sont exclusivement composés de messieurs ou de dames, ce serait un manque de savoir vivre que d'inviter une personne de sexe différent, car par ce seul fait, on doit inviter toutes les femmes ou tous les maris.

L'invitation a dû marquer exactement l'heure de la réunion, et vous devez rigoureusement arriver à l'heure annoncée. Le couvert doit être tout prêt, et la maîtresse de maison au salon pour recevoir les arrivans. Lorsqu'ils sont tous rassemblés, un domestique annonce que l'on est servi; à ce signal on ne se lève point avec empressement, on attend que l'Amphytrion engage les convives à passer dans la salle à manger, dont il leur montre le chemin en passant le premier.

Assez communément, c'est sa femme qui les guide, tandis qu'il offre le bras à la dame la plus considérable. Les convives donnent également le bras aux dames, qu'ils conduisent dans la salle à manger, jusqu'au couvert. Gardez-vous, si vous n'êtes pas vous-même le principal convive, de présenter la main à la dame la plus jolie ou la plus considérable ; car c'est une grande impolitesse.

Arrivé auprès de la table, chaque convié salue respectueusement la dame qu'il conduit et qui s'incline également. On se penche un peu pour voir les noms placés sur les serviettes, mais on attend que le chef ait indiqué la place qu'on doit occuper d'après les nuances de rang, d'opinion politique, d'instruction, d'amabilité ; c'est un de ses premiers et plus difficiles devoirs que d'assortir convenablement les convives et de les placer de manière que la conversation soit toujours générale pendant le repas ; on évitera donc autant que possible de mettre à côté l'un de l'autre deux personnes de même profession ; car il en résulterait nécessairement des *aparté* qui nuiraient à la conversation générale et par conséquent à la gaité.

L'usage permettait et permet encore de placer sur la serviette le nom des conviés, à l'effet d'indiquer les places qui leur sont réservées. Cette mesure est fort commode, mais elle est bannie en plusieurs cas : 1° Quand les repas sont dénués de toute cérémonie, ou lorsqu'ils en ont beaucoup. 2° Quand les maîtres de maison ne veulent pas prendre la responsabilité de l'arrangement des convives. 3° Quand il s'agit de dîner d'hommes. Alors en l'absence des billets indicateurs, les convives choisissent eux-mêmes leurs places, après toutefois que les chefs de maison ont appelé auprès d'eux les conviés dont ils ont fait choix. Se presser pour prendre cette place privilégiée, ou toute autre bonne place, serait une incivilité.

Les deux messieurs les plus considérables sont placés auprès de la maîtresse de la maison ; les deux dames les plus honorées sont également placées auprès du maître : la place à droite est spécialement la place d'honneur. Si le nombre des hommes est à peu près égal à celui des dames, on a soin de les entremêler ; on sépare les maris de leurs épouses, on éloigne autant que possible les uns des autres les proches parens, parce que ces personnes, toujours ensemble, ne doivent pas converser entre elles dans une grande réunion.

Les plus jeunes conviés ou ceux d'un rang inférieur sont placés au bas bout de la table.

Pour être à portée de veiller au service et à ce qu'il ne manque rien à leurs convives, le maître et la maîtresse de la maison se placent ordinairement au centre de la table, l'un vis-à-vis de l'autre. La dernière sert dans des assiettes placées en pile devant elle, le potage qu'elle fait circuler en commençant par ses voisins à droite et à gauche, puis en continuant par servir les personnes les plus considérables. Ces premières assiettes circulent ordinairement deux fois, car chacun s'efforce de faire accepter par son voisin celle qu'on lui a envoyée.

Après cela, et tandis que l'un des deux

chefs du logis découpe, l'autre fait circuler les hors-d'œuvres avec leur couvert respectif. Le bœuf est divisé en portions sur une assiette que l'on fait passer à la ronde. Cette méthode est employée pour divers autres plats de poisson et de viande, principalement pour la volaille, la croûte de pâté, le poisson au bleu, les rôtis ; jamais pour les ragoûts très divisés, les fritures de poisson que l'on partage.

Les convives ne doivent pas, sans doute, s'immiscer mal à propos dans le service, et se mêler de faire les honneurs ; mais ils feront très bien s'ils savent découper, de proposer aux maîtres de la maison de les aider. La permission obtenue, ils devront, comme ceux-ci, faire avec grâce et dextérité de légères portions, qu'ils enverront successivement, par les domestiques, aux dames d'abord, puis aux messieurs les plus considérables. Les chefs de la maison diront quelques mots gracieux d'excuse au découpeur sur la peine qu'il prend, et celui-ci répondra de la manière la plus aimable *que ce n'est rien, qu'il est trop heureux*, etc.

Les personnes voisines de celle qui découpe, l'aideront en servant le jus, les garnitures du plat, en lui faisant passer les assiettes ; car tout le monde doit se montrer attentif et dévoué, sans affectation.

Les maîtres de maison sont tellement absorbés par les soins du découpage et de la distribution des mets, lorsque le dîner est nombreux ; les convives érigés en découpeurs prennent tant de peine ; tout cela nuit si fort à la conversation et par suite au plaisir, que dans les repas quelque peu soignés, on adopte d'autres usages.

1° Le potage ne paraît pas sur la table, non plus que le bœuf : l'un et l'autre sont placés sur une table voisine, où un domestique exercé devra découper les viandes. Le potage est apporté assiette par assiette aux dames, puis aux messieurs assis le plus près du maître ou de la maîtresse de la maison.

Quant au bœuf et aux viandes, ils sont découpés de manière à demeurer sur le plat, sans presque perdre de leur forme, et sans avoir les garnitures dérangées. En cet état, ils sont rapportés sur la table, où le domestique les avait pris. Seulement, tout en conservant exactement l'ordre de la symétrie, il transpose quand il le faut le plat à servir, pour le placer le plus près du maître ou de la maîtresse. Ceux-ci alors distribuent sans avoir eu la peine de découper.

L'intelligence et la dextérité du domestique qui découpe, donnent bonne idée du ton de la maison.

Le maître ne sert pas les vins étrangers. Lorsqu'immédiatement après les hors-d'œuvres, on offre ce qu'on appelle le *coup de madère*, le domestique tourne autour de la table en présentant, et nommant le vin à chaque convié.

Il agit de même pour les vins de Bourgogne, de Bordeaux, de Champagne, etc.

Dans les très grandes réunions, les domestiques servent, comme les vins, les mets découpés, et les nomment aux convives; car dans la quantité on pourrait fort aisément faire erreur.

Il est des mets particuliers, comme les soufflés, les talmouses et autres analogues, que l'on sert en *assiettes volantes*, c'est-à-dire comme le potage, et toujours en commençant par les dames.

Lorsque les convives se passent eux-mêmes les plats à la ronde, ou les assiettes chargées de portions, quelques-uns d'entr'eux ne doivent pas se servir tout simplement quand vient leur tour; car pour un monsieur, le voisinage d'une dame, pour une jeune personne, celui d'une personne âgée; pour un inférieur, celui d'un supérieur, leur prescrit de refuser de se servir, avant que la personne ne soit servie.

D'ailleurs, la politesse veut qu'on soit toujours disposé à se mettre en oubli, et à prévenir les autres, principalement les dames, les gens âgés. On le doit relativement aux accessoires du repas, comme à ses parties principales. Ainsi ce serait une grossière incivilité que de s'emparer des huiliers, du sucre en poudre, et autres choses semblables, quand le besoin s'en fait sentir. Quant aux premiers, un homme bien élevé, tient les flacons en les lui offrant, tant qu'une dame n'est pas servie.

Un maître de maison ne doit jamais vanter ce qui paraît sur sa table, ni se confondre en excuses sur la mauvaise chère qu'il offre ; il vaut beaucoup mieux qu'il garde le silence à cet égard et qu'il laisse aux convives le soin de faire l'éloge du dîner : il peut toutefois, pour engager à accepter, dire que telle chose n'est pas mauvaise, et témoigner quelque regret, si par hasard un plat est manqué ; accident dont un convive bien appris ne semble pas s'apercevoir, et qu'il doit atténuer le plus possible. Il n'est pas non plus de bon ton qu'un maître de maison presse trop les conviés de manger, ni qu'il charge malgré eux leur assiette : il y a cependant des personnes timides auxquelles il doit réitérer ses invitations.

Lorsqu'un mets est délicat, rare, qu'il est de primeur, ou qu'il a plu, l'Amphytrion devra en offrir de nouveau jusqu'à ce qu'il soit épuisé, ou que tout le monde refuse.

Maintenant quelques conseils aux convives, conseils bien puérils, mais qu'il est bon d'écouter et de retenir. On est ridicule d'étaler sa serviette sur soi ; de l'attacher avec des épingles sur sa poitrine, ou de la passer dans sa boutonnière ; de se servir de sa fourchette en mangeant le potage ; de dire du *bouilli* pour du *bœuf;* de la *volaille*, pour nommer une poularde, un dindon ; du *champagne* pour du *vin de Champagne;* de relever les manches de son habit avant de découper; de casser par le bout pointu les œufs frais, et de laisser sur son assiette la coquille, sans la briser d'un coup de couteau; de remettre soigneusement le couvercle du petit pot de crême que l'on a vidé; de prendre le pain, même lorsqu'il serait à portée, au lieu de le demander à un domestique; de se servir du couteau pour diviser le pain, qui doit être rompu avec les doigts; de verser, pour le refroidir, le café dans la soucoupe.

Autres conseils dans le même genre aux maîtresses de maison. Le melon ne doit pas être divisé à l'avance, mais seulement lorsqu'on le présente aux convives : les confitures, lorsqu'on les sert en pot, ne doivent pas être mises sur la table avec le papier qui les couvre : en les offrant, on doit laisser sur chaque assiette une petite cuillère; les fraises, framboises, groseilles au sucre, ne doivent jamais être assaisonnées dans le saladier qui les contient : elles doivent être servies au naturel dans chaque assiette, puis on fait circuler le sucre en poudre, et chacun les accommode à son goût. Le casse-noisettes doit accompagner les noisettes et amandes, mais il vaut mieux encore que ces fruits soient concassés à l'avance.

Les convives de grande maison se font suivre et servir par un domestique, qui se tient derrière eux. Ils ne doivent pas lui adresser la parole pendant le repas, encore moins le réprimander. Avant de se mettre à table, ils ont dû l'avertir de servir aussi les autres conviés, et de se retirer dès que la table sera desservie, parce que les gens de la maison doivent seuls manger à l'office.

Si l'on apprend que la maîtresse ou la demoiselle de la maison a préparé quelque plat, quelque confiture, il faut en demander, le louer et y revenir.

Quand à la fin du second service on ôte le *napperon*, les convives doivent s'empresser à enlever ce qui se trouve devant eux, et contribuer à l'arrangement des assiettes de dessert placées à leur proximité, mais sans jamais s'aviser d'en vouloir modifier la symétrie. Dès que le dessert paraît sur la table, les devoirs du maître de la maison diminuent ainsi que ses droits.

Lorsqu'un monsieur est placé à côté d'une dame ou d'un vieillard, la bienséance exige qu'il leur épargne tous les dérangemens occasionés par la nécessité de se verser à boire, de se procurer des alimens, et généralement ce dont on a besoin quand on est à table. Il doit s'empresser de leur offrir ce qu'il croira être le plus de leur goût.

Ce serait une impolitesse de s'emparer seul de la conversation, qui doit être générale. Si la réunion est nombreuse, on s'entretiendra avec ses voisins, en n'élevant la voix qu'autant qu'il sera nécessaire pour se faire entendre.

L'usage veut qu'à la fin du repas les dames plongent les doigts dans leur verre plein d'eau, et les essuient avec leur serviette ; il souffre aussi qu'elles se rincent la bouche, en se servant à cet égard de leur assiette. Je ne sais, mais, selon moi, l'usage le permet en vain.

C'est à la maîtresse de la maison à donner le signal de quitter la table ; elle le fait en roulant grossièrement sa serviette et en la déposant auprès de son assiette ; ce que les convives imitent tous. Plier sa serviette dans un dîner qui n'est pas d'hospitalité ou d'intimité, serait complètement ridicule. De son côté, la dame du logis ne doit pas différer cet appel sitôt qu'elle s'aperçoit que toutes les assiettes du dessert ont circulé, ou que la conversation languit. Comme personne ne peut se lever avant elle, et que les grands repas sont souvent bien fatigans, elle ne doit pas inutilement les prolonger. Tous les convives se lèvent alors, et, offrant le bras aux dames, se rendent au salon, où le café et les liqueurs les attendent. On ne prend le café à table que dans les dîners sans façon. Cette fois le maître de la maison doit passer le dernier. La politesse exige qu'on reste au moins une heure au salon après le dîner ; et, si l'on peut disposer de sa soirée entière, on fera bien de la consacrer à celui qui vous a honorablement traité.

On ne sort de table avant la fin du repas qu'à raison d'un appel imprévu. Si ce désagrément arrive à une dame, elle prie une amie de l'accompagner ; à une demoiselle, elle s'éloigne avec sa mère.

La question de savoir s'il faut ou non chanter à table est aujourd'hui résolue suivant le ton des maîtres de maison. On ne chante plus chez les gens de distinction et chez les riches des hautes classes de la société, mais on chante encore à la table des bourgeois. Dans ce cas, faut-il redire encore ce qui a été dit et prouvé mille fois sur le ridicule de se faire prier lorsqu'on peut chanter, et sur celui de s'obstiner à vouloir entendre la voix d'une personne que retient une invincible timidité.

Après le dîner, on converse, on fait de la musique, et le plus souvent, on dresse des tables de jeux. Dans le cours de la soirée, la maîtresse de la maison fait circuler sur un plateau des verres d'eau sucrée ou de sirops rafraîchissans.

Dans la huitaine qui suit le repas, chaque convive doit une visite à celui dont il a accepté l'invitation. On parle ordinairement du dîner, du plaisir qu'on y a goûté, des personnes qui s'y trouvaient réunies. Cette visite a reçu le nom assez trivial de *visite de digestion*.

CHAPITRE II.

DES PROMENADES, DES ASSEMBLÉES ET DES JEUX.

Les paragraphes contenus dans ce chapitre se rapportent aux relations les plus habituelles de la société. La complaisance et les égards doivent donc tendre à embellir et à parer ces relations de toutes les nuances délicates de la politesse.

§ Ier.
Des Promenades.

Le jeune homme qui se promène avec un vieillard, sait sans doute que son compagnon n'a pas la même force et la même agilité que lui ; il doit donc régler son pas sur celui du vieillard. La même précaution sera employée quand on accompagnera une personne de qualité à laquelle on doit du respect. La décence exige qu'un cavalier offre son bras à la dame qui se promène avec lui; la galanterie exige qu'il lui demande la permission de porter ce qu'elle peut avoir de gênant à la main, comme un sac, un livre, une ombrelle (le soleil étant passé); en cas de refus, il doit insister.

S'il y a plus de dames que de messieurs, on offrira son bras à la plus âgée, et plutôt à une dame qu'à une demoiselle. Est-on accompagné de deux dames, on ne peut se dispenser de donner le bras à chacune d'elles.

Conduisez votre compagnie du côté qui paraît lui convenir le plus, et gardez-vous de contrarier ses goûts et ses désirs. Quand l'occasion s'en présente, offrez des siéges à vos compagnes pour se reposer, et n'insistez pas dès qu'elles montrent l'envie de continuer leur promenade. Si elles acceptent votre invitation, et que les siéges ne se trouvent pas en quantité suffisante, alors les dames doivent s'asseoir, et les hommes rester debout.

Dans un vaste jardin public, les chaises manquent rarement; s'il s'agit d'aller les chercher dans l'endroit où elles sont amassées, c'est l'ouvrage des messieurs, qui doivent faire attention de ne pas les placer devant des personnes déjà assises, car ce serait une malhonnêteté. Quand la loueuse de chaises se présente, un homme de la société paie pour tout le monde. Ce serait une niaiserie que d'offrir de le rembourser.

S'il se présente des bouquetières, il faut faire le geste d'offrir des fleurs. Les dames refusent et l'on peut ne pas insister; mais si la marchande importune, il faut acheter pour les en débarrasser. Lorsqu'on se trouve avec de jeunes mères et leurs enfans, on doit embrasser ceux-ci, et leur acheter quelque chose s'il passe des marchands de gaufres, de plaisirs, de bonbons. C'est aux mères, à s'y opposer.

Il est encore une bienséance à observer avec ceux que nous rencontrons en nous promenant. On ne doit offenser ni leurs yeux ni leurs oreilles. Il faut se garder d'attirer leur attention par des ris immodérés, et de se permettre des libertés auxquelles on peut se livrer dans un jardin particulier. Chanter et sautiller en marchant, serait s'exposer à des observations fâcheuses.

Êtes-vous dans une promenade publique, entretenez-vous de choses indifférentes, qui ne puissent porter préjudice à qui que ce soit, afin que la conversation ne soit pas mal interprétée par les personnes qui pourraient vous entendre. Gardez-vous de votre côté de prêter l'oreille à la conversation de ceux qui ne sont pas de votre société.

Donnez-vous le bras à une dame, dans la rue, elle doit tenir le haut du pavé. Si par quelque incident vous êtes obligé de traverser le ruisseau, vous devez alors changer de bras. Cette marque de déférence est également due à ceux qui ont des droits à notre respect. Deux hommes ne se donnent pas le bras dans la rue, si ce n'est des jeunes gens qui sont amis intimes.

On ne devance jamais la personne que l'on accompagne : lorsqu'elle s'arrête on l'imite, et l'on reste avec elle à considérer ce qui attire ses regards. Si un mendiant vient alors demander, on s'empresse de tirer sa bourse et de le satisfaire, afin que la personne avec qui l'on se trouve ne soit pas importunée par lui.

Lorsqu'on se promène dans un jardin particulier, et que la société est nombreuse, on peut se séparer, former des groupes. Mais l'on rejoint de tems à autre le gros de la société. Si le maître de la maison ou quelque personne considérable vous invite à faire un tour d'allée, ayez soin de leur donner la droite, comme le côté le plus honorable. Au bout de chaque allée, et lorsqu'il faut revenir sur vos pas, vous tournerez en dedans, du côté de la personne, et non en dehors, parce qu'alors vous lui tourneriez le dos. Si vous vous trouvez avec deux personnes qui vous sont supérieures, ne vous placez pas au milieu, car c'est la place d'honneur; la droite est la seconde, et la gauche est la troisième.

Songez aussi au choix des places quand la promenade est en carrosse, et cédez les premières aux dames et aux gens distingues. La personne la plus considérable monte la première, et se place à droite, dans le fond; le fond du côté gauche se remplit ensuite; puis, la troisième personne se met sur le devant, en face de la première place; la quatrième sur le devant, en face de la seconde. S'il n'y a pas de domestique, c'est le chevalier des dames qui ouvre la porte, arrange les paquets, etc.

Dans un cabriolet, le côté droit est réservé pour celui qui tient les rênes quand on n'est que deux personnes. Si l'on est trois, le conducteur se place au milieu, lors même qu'il serait très inférieur à ses compagnons. J'ajoute à ce propos, qu'il n'est pas d'usage qu'une dame aille seule dans un cabriolet de place, parce qu'elle se trouve en compagnie du conducteur.

§ II.

Des assemblées et des jeux.

Nous aurons peu de chose à dire sur la

manière de se comporter dans une assemblée, car nous ne pourrions que répéter les conseils donnés sur les bienséances du maintien, des visites, de la conversation.

Quand vous entrez dans un salon où il y a plus de dix personnes, vous saluez tout le monde en général, par une inclination très humble de tête ; vous présentez vos premiers hommages à la dame de la maison, et vous ne parlez d'abord qu'à son mari : les messieurs ordinairement groupés, les dames assises répondent à votre salut par un salut semblable : il est à remarquer que ces dernières ne se lèvent pas, elles ne le font qu'en faveur d'une personne de leur sexe.

Une dame, au contraire, lorsqu'elle entre dans un salon, salue tout le monde et va droit à la maîtresse de la maison.

Quelque distingué que l'on soit, on ne souffre pas que la conversation soit dérangée par sa venue. On écoute quelques instans, pendant lesquels on observe quelles sont les personnes de l'assemblée, puis on se mêle à l'entretien, sans avoir la prétention de s'en emparer. Quand la conversation n'est pas générale, et que l'on n'agite pas un objet assez intéressant pour occuper toute la compagnie, le cercle se divise en plusieurs entretiens particuliers. Chacun cause avec son voisin ou avec ses deux voisins de droite et de gauche. Il faut éviter, pour parler à quelqu'un, de se pencher sur la personne qui se trouve entre deux, et de la masquer ainsi malhonnêtement. Un homme ne doit pas même s'appuyer sur le bras du fauteuil d'une femme, mais il peut très bien étant debout, se pencher sur le dos de ce fauteuil, pour causer avec la dame à demi-retournée vers lui.

Il serait extrêmement malhonnête de s'entretenir à voix haute avec quelqu'un de choses particulières, d'employer des tours, des allégories, de faire certaines allusions que vous et votre interlocuteur pourriez seuls comprendre. Il serait aussi fort déplacé de s'entretenir dans une langue étrangère avec quelqu'un la possédant seul comme vous.

Il ne faut point vous retirer brusquement au milieu d'une conversation engagée, mais attendre que la question dont vous traitez soit épuisée; alors vous saluez votre interlocuteur lui seul, et vous vous esquivez sans prendre congé de personne, même des maîtres de la maison.

L'esprit a besoin de délassement; il ne peut être sans cesse occupé. De là cette coutume d'aller passer quelques instans dans des réunions de famille ou des assemblées de sociétés, dans lesquelles on s'amuse à divers jeux, inventés pour distraire et pour divertir.

Il est inutile de faire observer ici que nous ne voulons pas parler de ces établissemens scandaleux où va souvent s'engloutir la ressource des familles, où l'homme, emporté par une malheureuse passion, consume en une soirée de quoi fournir à l'entretien annuel de plusieurs orphelins; nous n'entendons traiter que de ces jeux innocens, où l'on s'intéresse par un modique enjeu, et où quelquefois on n'ambitionne que la gloire du triomphe. Ce serait s'exposer au mépris que de proposer de jouer gros jeu. En effet, les personnes qui composent la réunion pourraient s'imaginer que celui qui fait cette demande n'a en vue que de faire des bénéfices aux dépens des autres, et qu'il est accoutumé à fréquenter ordinairement ces maisons affreuses dont nous venons de parler.

Il n'est d'ailleurs pas convenable de proposer de jouer trop petit jeu. On pourrait ainsi se faire passer pour avare. Aussi, dans cette alternative, et pour marquer une déférence polie à ses *partners*, on doit les prier de décider le jeu. Ce devoir est plus étroit encore pour un jeune homme, se trouvant avec des dames ou avec des messieurs distingués.

On aurait mauvaise opinion d'un joueur qui, dans le gain, laisserait échapper une joie excessive, et qui dans la perte montrerait le plus léger chagrin; car on doit se ressouvenir que c'est uniquement pour s'amuser que l'on joue.

Si vous gagnez; ne quittez le jeu que quand vous vous apercevrez que votre adversaire peut désirer de finir la partie; si au contraire vous perdez, retirez-vous si bon vous semble, en payant sans humeur la somme convenue, et sans attendre qu'on vous la demande : les dettes du jeu sont sacrées, c'est pour cela qu'on les appelle *dettes d'honneur.*

Agissez sans laisser échapper le moindre mot de mécontentement; plaisantez même de votre infortune.

Quand votre adversaire a comme vous quitté la partie, causez avec lui, n'ayez pas l'air de le fuir, mais surtout ne lui parlez pas de son bonheur au jeu, à moins que ce ne soit avec une franche gaîté, parce que vous auriez l'air d'être inspiré par le dépit.

Jouez avec franchise et ne cherchez point à voir le jeu des autres pour en profiter ; occupez-vous de la partie, et ne tenez point conversation avec d'autres personnes. Cette maladresse vous rendrait nécessairement insupportable à ceux qui jouent avec vous.

Si quelque coup est contesté, on ne doit point discuter avec entêtement : mais s'en rapporter aux personnes non intéressées, en leur expliquant avec calme et honnêteté la cause de la contestation.

Au jeu il faut toujours avoir un caractère égal, et n'y pas donner trop de tems parce qu'alors cet amusement deviendrait fastidieux, et se changerait bientôt en une fatigante occupation. En général, défendez-vous de l'envie de parier pour tel ou tel joueur contre tel ou tel autre; celui pour lequel vous prenez en quelque sorte fait et cause, et qui peut-être ne risque pas grand'chose pour lui-même, sera intimidé, s'il sait que vous exposez une somme considérable sur la foi de son habileté ou sa fortune ; celui contre lequel vous pariez peut, de son côté, être humilié de cette espèce de défi.

Quand la maîtresse de la maison a fait dresser les tables du jeu, elle prend autant de cartes que chaque jeu demande de joueurs, et les présente aux personnes de la société, en commençant par celle qu'elle veut honorer. Accepter une carte, c'est prendre l'engagement de jouer. L'assortiment des joueurs réclame tous les soins d'une maîtresse de maison, car il est des gens dont personne ne se soucie pour *partner*. Ce sont, outre les mauvais joueurs, ceux qui, peu habitués au jeu, s'arrêtent long-tems à réfléchir, fredonnent entre leurs dents, frappent des pieds sous la table, tambourinent avec leurs doigts sur le tapis ; qui prétendent que le voisinage de telle personne leur porte malheur, demandent à mêler les cartes hors leur tour, afin de faire tourner la chance, etc.

Les maîtresses de maison éprouvent, outre l'embarras de placer ces joueurs malencontreux, assez d'ennui pour éviter de placer ensemble à la même table du jeu, des gens séparés par des antipathies. Il ne lui faut pas oublier non plus de ne pas réunir au jeu, des membres d'une même famille, qui nécessairement ne gagneraient pas avec plaisir l'argent l'un de l'autre.

Quand on commence la partie, on salue par une inclination de tête les personnes avec qui l'on joue, en leur distribuant les cartes pour la première fois. Les messieurs ont soin de ramasser les cartes à la fin des parties, de les rajuster, et de les présenter à la dame qui doit *faire*.

On peut sans incivilité demander à quelqu'un s'il pratique tel jeu, même s'il le joue bien ; on peut interroger les invités sur les *partners* qu'ils désirent. La partie la plus honorable, celle de la maîtresse de la maison, ne peut jamais se refuser à moins que l'on ne sache pas manier les cartes.

Dans les maisons où il est d'usage de payer les cartes, chaque joueur, en finissant la partie, place en silence sa rétribution sous le flambeau.

§ III.

Petits Jeux de société.

Ces jeux, appelés innocens, plaisent en général beaucoup aux jeunes personnes des deux sexes, parce qu'ils donnent du mouvement, qu'ils exigent de l'activité, de la mémoire, et qu'ils exercent l'esprit. Il y faut cependant apporter, comme dans toute chose, de l'attention, de la délicatesse et de la bienséance. On ne doit point chercher à s'y faire remarquer par trop de vivacité ou par trop de liberté. Il faut se contenter d'y avoir de l'esprit à son tour; et prendre part au plaisir commun, sans prétention comme sans empressement. On doit éviter surtout de lancer des traits mordans, de faire des complimens déplacés, et d'imposer des pénitences mortifiantes.

Un jeune homme ne doit point prendre une demoiselle par la taille, ni s'emparer d'un ruban ou d'un bouquet, ni s'attacher exclusivement à la même personne. Il doit être aimable et gai envers toutes également.

Le choix des divers jeux appartient aux dames. Celle qui reçoit doit les varier ; dès qu'elle s'aperçoit qu'un jeu perd de son intérêt, elle doit en proposer un autre.

Il y a presque toujours dans la société des personnes qui veulent dominer et donner le ton : c'est un travers ou un défaut de bienséance qu'il faut éviter. On peut modestement proposer un jeu, ouvrir un avis ; mais il ne faut jamais prétendre à faire la loi ; ni même insister pour faire adopter sa proposition. Dès qu'elle ne plaît pas généralement, il faut savoir se taire et se résigner de bonne grâce aux décisions de la majorité.

Dans les jeux de société, les pénitences qu'on impose à celui qui doit retirer un gage, consistent assez souvent à embrasser une ou plusieurs dames de la compagnie : comme on ne peut vous refuser, puisque vous suivez la loi du jeu, mettez-y une décence telle, que la pudeur ne puisse s'en alarmer.

On doit s'acquitter de sa pénitence avec complaisance et gaîté. Un refus à cet égard serait déplacé et malhonnête.

Si l'on vous ordonne de faire aux dames ou demoiselles des confidences à voix basse, faites-les fort courtes, pour qu'on ne soupçonne pas que vous dites autre chose que des complimens.

N'ordonnez point de pénitence qui puisse blesser quelqu'une des personnes de la compagnie.

CHAPITRE III.

DES BALS, DES CONCERTS ET DES SPECTACLES.

Ces plaisirs supposent de la fortune, un bon ton, l'habitude du monde, et par conséquent l'oubli des préceptes de la politesse à leur égard, serait un véritable contre-sens.

§ Ier.
Des Bals.

J'allais dire, commençons par les bals particuliers, et je m'aperçois que cette dénomination n'est plus de mode. On ne dit plus : *Un bal chez madame une telle*, mais une *soirée*. Néanmoins, quand on veut faire danser chez soi, on fait les invitations huit jours à l'avance, pour que les dames aient le tems d'achever les apprêts de leur toilette.

Si la réunion ne doit être qu'une simple soirée dans laquelle on adopte le costume des promenades d'été, la maîtresse de la maison invite verbalement et n'omet pas d'avertir les dames de cette circonstance, car ce serait les exposer à paraître mises avec inconvenance. Si, au contraire, la soirée doit être un véritable bal, les invitations sont écrites, ou mieux, imprimées, en s'y exprimant à la troisième personne; et l'on met au bas du billet cette annonce : *On dansera* (1). Il serait aussi bien d'ajouter : *Il y aura table d'écarté*, car c'est un meuble de rigueur dans le salon voisin de la salle de bal. Un vestiaire garni de porte-manteaux pour suspendre les schals fourrures, manteaux, est tout-à-fait indispensable. Un domestique doit être préposé pour les recevoir. Lorsqu'il y a beaucoup de monde, il faut, comme dans les établis-

---

(1) Lorsqu'un repas est joint au bal, on ajoute au bas de la lettre R. S. V. P. (*Répondez s'il vous plaît*). Garder le silence est accepter.

semens publics, y attacher des numéros dont on donne le double au possesseur des objets. L'ordre est un élément de bon usage comme la modestie et l'aménité.

Les dames portent ordinairement au bal un bouquet à la main ; mais cela convient peu à celles qui ne sont plus très jeunes.

On n'est pas obligé d'être exact à l'heure indiquée : il est même reçu d'arriver une heure plus tard. Les dames sont accompagnées par leur mari, les demoiselles par leur mère ou par un chaperon. Ces dernières dames se placent derrière les danseuses ; le maître de la maison va au-devant des unes et des autres, leur procure des siéges et retourne ensuite se mêler parmi les hommes debout, qui font groupe ou se promènent au milieu de la salle.

La toilette de tous les assistans doit être fort soignée. Un homme qui se présenterait en redingote et en bottes passerait pour avoir un mauvais ton.

Un des premiers soins qui doit occuper un danseur est de chercher un vis-à-vis. Faute de cette précaution, il voit souvent les danseurs se croiser devant lui ; il manque de place, et se trouve parfois réduit à reconduire sur son siége, avant la contredanse, la dame qu'il avait engagée.

Quand vous vous êtes assuré d'une place, vous approchez d'une dame, en la priant de vous *faire l'honneur* de danser avec vous, ou bien de vous accorder une contredanse. Cette formule est de rigueur. Si elle répond qu'elle est engagée, invitez-la pour la contredanse suivante et gardez-vous bien de vous adresser ensuite à ses voisines, qui, ne pouvant vous refuser, seront blessées d'être invitées après une autre. N'attendez jamais que l'orchestre donne le signal pour chercher une danseuse, car rien n'est plus grossier que d'inviter précipitamment une dame quand les danseurs sont déjà en place ; cela ne peut tout au plus être toléré que quand la contredanse est incomplète.

Une dame ne peut refuser l'invitation d'un monsieur, à moins qu'elle n'ait déjà accepté celle d'un autre, ou bien elle commettrait une incivilité qui pourrait même lui occasioner quelques désagrémens ; elle semblerait en outre marquer du mépris pour la personne qu'elle aurait refusée, et s'exposerait à en recevoir un mauvais compliment.

C'est afin de prévenir à cet égard tout oubli, et par suite tout conflit fâcheux, que les danseuses ont adopté *l'éventail à crayon* et *le carnet de bal*; elles y inscrivent leurs engagemens d'après l'ordre des contredanses : aussi lorsque le bal est nombreux, il importe que le numéro de chaque contredanse soit affiché devant l'orchestre par les musiciens. Lorsque cette précaution est omise, les danseurs doivent redoubler de précautions pour éviter les quiproquos, et les messieurs qui dansent beaucoup ont la sage habitude d'inscrire de leur côté leurs engagemens sur un petit carnet quelconque.

Les dames dont le carnet est chargé de noms, doivent bien se garder d'en faire parade, comme celles qui dansent fort peu, ou ne sont plus très jeunes, doivent ne point se parer ostensiblement d'un inutile carnet.

Lorsqu'une dame veut se reposer, et mettre quelque intervalle entre les engagemens de danse, elle passe dans une autre pièce ou bien se met au second rang ; car un refus fait à un seul monsieur, lui interdit de danser dorénavant avec les autres.

Dans les grandes réunions, une dame peut se promener, passer et repasser d'un salon à l'autre, mais jamais sans qu'un monsieur de sa connaissance lui donne le bras.

Dans ces somptueuses soirées, un buffet brillant est dressé : chacun peut y prendre, peut demander ce qu'il lui convient aux gens de service; mais une dame ne saurait le faire avec convenance que lorsque le monsieur qui l'accompagne l'y engage et commande aux domestiques de la servir. Aussi un homme bien appris se constitue-t-il toujours le serviteur des dames. Lorsqu'il aperçoit l'une d'entre elles (qu'elle lui soit inconnue ou non) embarrassée de quelques vases, après avoir pris des rafraîchissemens ou des glaces, il doit accourir empressé pour lui rendre ce service et tous ceux dont le hasard peut lui présenter l'occasion.

Les dames ou demoiselles ne peuvent sortir seules de la salle ou de tout autre lieu de réunion. Celles-ci doivent se faire accompagner d'une ou de deux autres dames, et celles-là par leur mère ou une dame qui la représente.

Il est sans doute inconvenant de parler continuellement à l'oreille de sa danseuse; de la distraire ainsi, de lui faire manquer les figures; mais il serait gauche et malhonnête de ne pas lui adresser de tems à autre quelques mots. La réunion, la musique, les personnes présentes (quoiqu'on ne doive pas les critiquer); fournissent tout naturellement des sujets à cette conversation légère.

Des danseurs de bon ton ne quittent pas leurs gants, et ne se permettent jamais de serrer la main à leur danseuse.

Les maîtres de maison doivent veiller à ce que toutes les dames dansent; ils remarquent celles qui font *tapisserie* (c'est l'expression consacrée), et les font prier par d'obligeans danseurs. Il faut que ce soin demeure tout-à-fait inaperçu, afin de ne point blesser l'amour-propre de ces pauvres dames.

Les danseurs s'empresseront de faire droit à cette requête, et paraîtront même charmés de danser avec la personne recommandée à leur complaisance.

Les dames qui dansent beaucoup, doivent bien se garder de s'applaudir devant celles qui ne dansent pas, du grand nombre de contredanses pour lesquelles elles sont invitées à l'avance. Elles doivent même, sans qu'il y paraisse, envoyer à ces dames délaissées des danseurs de leur connaissance.

En se donnant la main pour la chaîne des dames ou toute autre figure, les figurans s'adressent un sourire, qu'ils accompagnent d'une gracieuse inclination de tête en forme de salut. A la fin de la contredanse, le cavalier reconduit la dame à sa place; il la salue et la remercie de l'honneur qu'elle lui a procuré. Celle-ci s'incline en silence et en souriant d'un air gracieux.

Les personnes qui n'ont pas d'oreille, c'est-à-dire qui l'ont fausse doivent s'abstenir de danser.

Ne vous hasardez pas à faire partie d'un quadrille de contredanse si vous ne savez pas danser passablement. Si vous êtes novice ou peu exercé, et surtout en ce cas, gardez-vous de vous mêler à des danseurs habiles, vous mettriez le désordre au milieu du plaisir. Une fois engagé dans la partie, si les figures ne vous sont pas familières, n'avancez jamais le premier. Vous pourrez ainsi vous régler sur ceux qui sont partis avant vous.

Quand un danseur peu habitué se trompe, on peut l'avertir de son erreur, mais il serait fort impoli d'avoir l'air de lui donner une leçon.

Dansez avec grâce, avec modestie; n'affectez point de faire parade de votre savoir; abstenez-vous de grands sauts et de gambades ridicules qui attireraient sur vous tous les regards.

Dans un bal particulier ou de société, on est tenu de montrer encore plus de réserve, et de ne pas marquer plus de préférence pour une dame que pour une autre; on doit indistinctement danser avec toutes, cependant on peut inviter plusieurs fois la même personne.

Dans les bals publics, un danseur offre

à sa dame des rafraîchissemens, qu'elle accepte fort rarement, à moins qu'elle ne le connaisse beaucoup. Mais dans les réunions particulières, les personnes qui reçoivent font circuler des sirops et des pâtisseries dont chacun use comme il lui plaît. Au milieu de la nuit, dans un bal bien ordonné, il y a un punch, et plus tard un souper, où assez communément les hommes se tiennent debout derrière le siége des dames. Mais cette disposition étant fort gênante, on préfère agir autrement. On fait d'abord asseoir les dames à table, puis lorsqu'elles ont fini de souper, les messieurs s'asseoient à leur tour : dans les bals très nombreux, les dames vont à table en plusieurs fois.

Ce mode auquel il n'est guère possible de suppléer, est une source de longueur et d'ennui. Ainsi partagée, la société perd son ensemble et son charme : l'obligation de tout remettre en ordre pour recevoir les autres conviés, cause inévitablement beaucoup de lenteur. En l'absence des messieurs, les dames dansent ordinairement, mais ceux-ci ne savent que faire. D'ailleurs les uns et les autres sont abandonnés à eux-mêmes, puisque les maîtres de la maison sont occupés des honneurs à faire aux personnes qui sont à table.

Il serait urgent de trouver remède à cela, mais il est d'usage d'inviter tant de monde aux grandes soirées, que le problème est bien difficile à résoudre. Quelques Amphytrions mettent au centre d'une salle à manger la table chargée de mets : les danseuses sont assises le long des murailles, et on leur apporte par morceaux les pièces froides, les pâtisseries; on leur sert les fruits, le thé, les sucreries dont se compose ordinairement le repas.

Dans une soirée sans apprêts, on supprime le punch et même le souper, mais les rafraîchissemens sont de rigueur : se dispenser d'en offrir serait une grossièreté sans exemple. De plus, si la soirée se prolonge beaucoup, il devient nécessaire d'offrir un potage.

La valse étant une danse assez voluptueuse, par ce motif les demoiselles s'en abstiennent dans les bals publics et particuliers ; les très jeunes dames ne se la permettent que dans ces dernières réunions, peu souvent et avec des valseurs de leur société. Il est indispensable de s'en acquitter avec beaucoup de réserve et de décence.

J'ai dit *bals publics*, par opposition aux bals particuliers, et j'aurais dû dire *bals de société par souscription ;* car, pour les bals publics de Paris et d'autres grandes villes, il n'est pas d'autre chose à dire aux lecteurs que de les engager à n'y pas aller. Quant aux bals masqués, c'est un plaisir tout-à-fait décrié, hors toutefois ceux de l'Opéra. On ne doit s'y présenter qu'en domino.

Vous avons, je pense, épuisé toutes les indications relatives au bon usage dans les réunions : l'accessoire dont il nous souvient maintenant est peu de chose; mais la bienséance n'est après tout qu'un composé de *peu de choses* indispensables. Voici donc l'accessoire en question.

Les repas, les bals, les assemblées sont très féconds en accidens pour la toilette, et souvent des maîtres de maison imprévoyans, des domestiques maladroits, des jeunes gens étourdis ont gâté la plus charmante et la plus coûteuse parure. Quel que soit le degré de son désappointement, la dame victime de ces imprudences, ne doit manifester d'autre sentiment qu'une aimable résignation. Elle doit même en plaisanter. Le dépit, l'impatience, même contenus, seraient du plus mauvais ton.

Une dame peut préserver, soigner sa toilette, mais tout-à-fait en secret, et sans avoir l'air d'y porter trop d'attention. Le soin trop marqué de plier un schal, une écharpe, de garantir de toute atteinte le boa, le chapeau qu'elle vient de quitter, lui donnerait l'apparence d'une parvenue minutieuse et ridicule.

On se retire *incognito*, afin de ne pas déranger les maîtres de la maison : on leur fait, dans la huitaine, une visite de remercîmens dans laquelle on parle beaucoup des agrémens du bal et du bon choix de la société.

Quelquefois, et surtout lorsqu'il y a un buffet, on se borne à servir du thé, accompagné seulement de gâteaux, couques, babas, ou autres semblables. En ce cas, on ne dresse pas de table : tout l'attirail est sur une table attenante au buffet, et les personnes prennent les tasses toutes préparées : quelquefois aussi on les leur porte sur un plateau.

Si l'on est dans un salon, le thé se sert sur la table à thé, et se prend autour d'elle assis ou debout à volonté.

Quant au potage, on l'apporte dans la salle de bal sur les genoux des dames restées à leurs places de danseuses, après avoir mis sur chacune d'elles une serviette dépliée dans sa longueur.

Les bonnes manières exigeant que l'on soit toujours ganté, les danseurs, et surtout les danseuses, acceptent toutes choses sans ôter leurs gants. Ils font très bien, quand les objets ne sont pas susceptibles de gêner ou de salir une main gantée; mais hors de ces cas, c'est une affectation tant soit peu ridicule, attendu qu'on s'expose à paraître gauche et à porter tout le reste du bal des gants souillés.

J'ajouterai par parenthèse, qu'immédiatement après avoir pris quelque chose ou tout de suite après un repas quelconque, une dame doit remettre ses gants. Elle doit agir de même après les jeux de cartes, car le bon usage s'oppose impérieusement à ce que l'on ait la main nue.

Revenons à nos danses. Le galop, ayant, quant à la tenue, une certaine liberté, le danseur évitera de presser trop étroitement la dame contre lui. Il songera surtout à ce conseil en valsant.

§ II.

Des Concerts.

Les bienséances qu'exigent les concerts sont à peu de chose près celles qui sont reçues dans toute autre assemblée, ou dans tout autre spectacle ; car les concerts tiennent de l'une ou de l'autre, suivant qu'ils sont particuliers ou publics. Dans les concerts particuliers, les dames sont assises au premier rang du cercle, et les messieurs ordinairement groupés derrière, ou à côté d'elles. On doit garder le plus profond silence, et s'abstenir de battre la mesure, de fredonner les airs, d'applaudir, de faire de grands gestes ridicules d'admiration. Assez souvent une soirée dansante succède au concert, et les billets d'invitation, distribués deux ou trois jours à l'avance pour celui-ci, doivent en avertir les invités.

Lorsqu'une dame se fait entendre, il est

de bon ton pour un homme de se tenir debout derrière le fauteuil de l'exécutante, et de retourner attentivement les feuillets, si toutefois il sait lire la musique.

On doit aussi, pour un concert, une visite de remercîmens.

§ III.
Des Spectacles.

On se tromperait si l'on s'imaginait qu'il n'existe point de règles de bienséance à observer dans les endroits publics; dans les lieux de rassemblement, dans les spectacles. Il est certains égards généraux qu'on doit avoir pour les personnes qu'on y rencontre. Il serait malhonnête de froisser continuellement et d'une manière importune ceux auprès desquels on se trouve placé; de marcher sur la robe d'une dame, d'éclabousser en courant ceux qui marchent d'un pas modéré.

Si l'on va en compagnie au spectacle, un des messieurs doit prendre des billets au bureau, éviter aux dames l'embarras de changer leurs cartes à l'entrée, et quand la loge est ouverte, les faire placer sur le premier rang, à raison de leur âge ou de la considération qu'elles méritent. Les jeunes gens occuperont les siéges de derrière, et éviteront de trop se pencher pour ne pas incommoder les personnes qui sont placées devant eux.

Les messieurs s'adressent aux ouvreuses de loges, leur donnent une gratification et les chargent des chapeaux, manteaux et autres effets des dames ; car il faut s'abstenir de laissser pendre au dehors de la loge, soit un mouchoir, soit un mantelet, soit un schall, etc. (1), et même de tourner le dos à la scène. Autrement, on s'expose à devenir la risée du parterre, et à recevoir des choses désagréables.

Quand un spectateur s'attendrit à la vue

---

(1) On peut se le permettre dans certains théâtres de Paris.

des malheurs qu'éprouvent les héros de la scène, ou se passionne pour les vertus dont ils font parade, peut-il lui arriver rien de plus ennuyeux que d'avoir sans cesse à ses côtés un censeur chagrin, qui critique sans pitié les plus beaux morceaux de la pièce, ne trouve rien à son goût, et finit par transformer en un rendez-vous de fatigue des lieux consacrés au plaisir ? Il serait tout aussi ridicule de ne mettre aucune retenue dans ses applaudissemens.

Des dames entrent-elles dans une loge dont un monsieur occupe le devant, les convenances exigent qu'il offre sa place à l'une d'elles, quand même elle lui serait étrangère, et qu'il insiste même après un premier refus.

Si la chaleur vous incommode, n'ouvrez la porte de la loge qu'avec l'assentiment des personnes qui s'y trouvent.

Gardez une grande réserve au théâtre, pour ne point gêner ceux qui vous entourent, ainsi qu'un profond silence quand les acteurs sont en scène, afin de ne point troubler l'attention de ceux qui prennent intérêt au spectacle.

Il est inconvenant de porter un jugement trop prononcé et trop tranchant sur la pièce, sur le jeu des acteurs, soit pour en faire l'éloge, soit pour les blâmer. On peut rencontrer des personnes d'un sentiment contraire, et s'engager dans une contestation qu'il est prudent d'éviter.

Dans les entr'actes, les messieurs doivent s'informer auprès des dames s'il leur est agréable de se promener dans les couloirs, dans le foyer, ou de se rafraîchir. Ils doivent leur demander aussi si le journal des théâtres, si un lorgnon leur seraient nécessaires; et s'il se trouve des bouquetières dans la salle, ils feront chose aimable et galante de leur présenter un bouquet.

Il leur faut s'acquitter de toutes ces petites dépenses à voix imperceptible, sans marchander, et pour ainsi dire avec une adroite et mystérieuse dextérité.

A la fin du spectacle, les messieurs présentent aux dames les schals et chapeaux; ils leur offrent le bras pour descendre : ils font avancer la voiture, ou s'il en est besoin, ils chargent un commissionnaire d'aller chercher une voiture de place.

§ IV.

Des musées et cafés, etc.

Nous croyons devoir donner quelques conseils sur les bienséances reçues dans ces lieux où abondent les voyageurs. Elles sont peu nombreuses, peu gênantes, mais ce n'est point un motif de les négliger.

Dans les musées et autres endroits semblables, des personnes bien apprises se gardent bien de se presser, de se ruer dans la foule pour entrer ou sortir plus promptement. Elles suivent leur rang, et même se plaisent à protéger les faibles, les enfans, les personnes timides ou souffrantes.

Elles ont soin, en cherchant le point de vue d'un tableau, de ne point heurter ou pousser quelqu'un. Si cela leur arrive involontairement, elles en font aussitôt des excuses par quelques mots.

Elles attendent pour examiner une peinture, que les curieux qui la regardent avant elles, se soient retirés.

Si n'ayant pas de livret, quelqu'un leur demande le sujet d'un tableau, elles s'empressent gracieusement de le satisfaire : et quand celui-ci s'excuse en remerciant, elles répondent brièvement que c'est un plaisir pour elles, ou s'inclinent d'une manière qui exprime cela.

Parlons des gratifications à faire aux gardiens des lieux de curiosité. Un monsieur conduisant des dames, un monsieur d'un certain âge avec des jeunes gens, une dame avec des demoiselles, doivent toujours l'en charger. Sans attendre qu'on leur demande, ils donnent avec une gracieuse aisance une pièce plus ou moins forte, selon leur rang et les objets visités.

Si un monsieur accompagne des dames au Musée, et qu'on ait déposé des cannes et parapluies, il sort un instant avant sa société, et passe au dépôt pour retirer les objets déposés et les présenter à la sortie.

Maintenant voyons, s'il vous plait, comment la bienséance agit dans les cafés.

Elle nous dit tout d'abord que les dames, qui peuvent librement y entrer à Paris, pourvu qu'elles soient accompagnées d'un monsieur, ne peuvent s'y présenter dans beaucoup de villes de province.

D'ailleurs les dames s'y rafraîchissent, y lisent, mais elles n'y jouent jamais. Il serait aussi déplacé qu'elles allassent prendre elles-mêmes les journaux sur une table, bien qu'ils n'eussent aucun possesseur. Elles sont obligées de les demander au garçon.

Les messieurs ne sont pas trop rigoureusement asservis à cette bienséance, quoiqu'ils l'observent généralement. Au reste, il est superflu de dire qu'un homme qui s'emparerait d'un journal commencé par quelque personne, commettrait une rebutante incivilité.

Des bienséances analogues sont reçues chez les restaurateurs. Prendre sur la table d'un voisin, les salières, les huiliers, ou tout autre chose, sans les lui demander avec excuse, sous prétexte qu'il n'en a plus besoin, serait une hardiesse tout-à-fait grossière. Et de plus, à moins qu'un à-propos très marqué n'y engage, il est bien plus convenable de se procurer ces choses par l'intervention du garçon.

On doit y parler bas, et faire le moins de mouvement possible.

Si l'on va en société au café avec des dames, l'un des messieurs se charge des frais, qu'il acquitte sans qu'on puisse s'en apercevoir.

On laisse toujours quelque monnaie a garçon.

CHAPITRE IV.

DES DEVOIRS DE L'HOSPITALITÉ.

Ceux de mes lecteurs qui, par habitude ou par instinct, redoutent les moindres apparences de l'assujettissement, et peut-être jusqu'à ces lignes, ont trouvé les leçons de la politesse assez gênantes, et se sont dit que la civilisation les a prodiguées outre mesure, ont sans doute écarté cette observation à l'intitulé de ce chapitre. Qu'est-ce en effet que les faibles obligations de l'hospitalité moderne, comparées aux devoirs religieux de l'antique hospitalité ?

Lorsqu'une lettre d'annonce vous apprend, comme il est d'usage, qu'une précédente invitation de votre part va conduire chez vous des hôtes, vous commencez par faire préparer avec soin la chambre que vous leur destinez. Un bon lit, des armoires, du feu en hiver, et tout ce qui peut contribuer au bien-être, une cuvette, de l'eau, des verres, un flacon d'eau de cologne, un sucrier rempli, ou mieux un verre d'eau, plusieurs serviettes, et tout ce qui peut contribuer à la propreté, à l'élégance, doivent se trouver dans l'appartement.

Ces préliminaires achevés, un peu avant l'heure indiquée, il faut aller attendre les voyageurs : un domestique a dû vous suivre pour transporter leurs effets chez vous. Les embrasser, se féliciter souvent du plaisir de les recevoir, s'informer affectueusement des circonstances de leur voyage, les conduire d'une manière empressée, et les introduire par ces mots, *vous êtes chez vous*, voici la seconde série des devoirs de l'hospitalité.

La troisième partie de vos obligations est l'assiduité auprès de vos hôtes, parce qu'autrement ce serait leur témoigner que leur présence vous est importune. Le soin d'offrir à leurs regards, avec la plus grande complaisance, tout ce que la maison, la ville ou la campagne présentent d'intéressant : quelques parties de plaisir organisées en leur honneur; enfin, la réunion à dîner des personnes de leur connaissance, ou présumées devoir leur plaire, telles sont encore les obligations hospitalières que vous ne pouvez mettre en oubli. Quand les visiteurs témoignent l'intention de vous quitter, on doit chercher affectueusement à les retenir; toutefois, si leur résolution paraît inébranlable, on envoie prendre leurs places aux voitures publiques; en les y conduisant on leur fait accepter quelques rafraîchissemens délicats ; puis prenant congé d'eux, on les embrasse, on joint de nouvelles invitations pour l'avenir, les regrets de n'avoir pu mieux réussir à les distraire.

Pour faire les honneurs de chez soi, il faut du tact, de la finesse, l'usage du monde ; une grande égalité d'humeur et beaucoup d'obligeance. Il faut s'oublier soi-même, pour s'occuper des autres, mais sans agitation et sans affectation ; encourager les personnes timides, les mettre à leur aise ; entretenir la conversation en la dirigeant avec adresse plutôt qu'en la soutenant soi-même.

Une maîtresse de maison doit être obligeante, égale, attentive, se prêter aux habitudes particulières de chacun, surtout paraître charmée qu'on soit chez elle, et y faire jouir d'une entière liberté.

De leur côté, les hôtes doivent se montrer très satisfaits et très reconnaissans de la réception qui leur est faite. Ils doivent, en partant, donner une gratification généreuse aux domestiques, et sitôt après leur arrivée chez eux, écrire aux personnes qui les ont reçus, une lettre de vifs remercîmens.

Les devoirs de l'hospitalité sont assujétissans, fatigans, onéreux, mais d'une obligation indispensable. Les omettre, c'est vouloir passer pour n'avoir nulle éducation;

nulle délicatesse, car enfin c'est placer les gens dans la situation la plus embarrassante et la plus pénible.

QUATRIÈME PARTIE.

DES DEVOIRS DE BIENSÉANCE RELATIFS AUX CIRCONSTANCES.

CHAPITRE PREMIER.

DU MARIAGE, DU BAPTÊME.

Ces deux circonstances ont des droits particuliers aux enseignemens de la politesse, car la première est la plus étroite des relations sociales, et toutes deux sont parfois l'occasion des fêtes les plus brillantes.

§ Ier.

Du Mariage.

On fait ordinairement un profond secret des préliminaires d'un mariage, parce que l'on redoute, en cas de rupture, les fâcheuses interprétations; mais dès que les paroles sont échangées, il faut en faire part confidentiellement et en personne aux amis intimes, aux personnes auxquelles on a des obligations. Plus tard, on en donne connaissance par lettre à tous ceux avec qui l'on est en relation. Ceux-ci, s'ils habitent la ville, font une visite ; s'ils sont éloignés ils écrivent une courte lettre de félicitation. S'ils s'ont presque étrangers à la famille, ils peuvent garder le silence.

Un jeune homme qui recherche une demoiselle en mariage doit être extrêmement empressé et respectueux : il doit paraître étranger à tous les détails d'intérêts que débattent les deux familles ; il entretient spécialement sa future de leur intérieur à venir, de ses goûts, de ce qu'il convient de choisir pour le logement, le mobilier, les cadeaux de noce ; évitant toute familiarité déplacée, il l'appelle *mademoiselle* jusqu'au retour de l'église, le jour du mariage ; il l'accompagne dans toutes les réunions, où il se montre son dévoué chevalier.

En quelques villes de province, la future ne se montre nulle part, elle est captive, depuis l'instant où son mariage est annoncé. Malgré la sottise d'un tel usage il faut s'y soumettre, car la bienséance en changeant suivant les lieux, reste toujours la loi des personnes bien nées.

Quand les bans ont été publiés à la mairie, il est d'usage à Paris qu'une bouquetière du quartier vienne fêter la future, en lui présentant un bouquet. Cette attention exige une gratification.

Le mariage se déclare de deux manières. On invite trois ou quatre jours auparavant les personnes de connaissance à vouloir bien assister à la bénédiction nuptiale, et l'on fixe avec précision l'heure et l'église où la cérémonie aura lieu. Pour l'acte civil, qui se rédige à la municipalité, on n'invite d'ordinaire que les témoins et les proches parens.

Si la personne invitée doit assister au repas ou à la fête qui suivent le mariage, on en fait mention expresse au bas des lettres d'invitation (1).

On fait simplement part du mariage à ceux qui n'ont été invités ni à la cérémonie nuptiale, ni au repas; et les lettres de part s'envoient quelques jours après.

La bienséance exige que la personne invitée à la cérémonie du mariage s'y rende, ou fasse ses excuses, en cas d'impossibilité. Une simple lettre de part n'exige qu'une visite ou deux. La première visite se fait par carte.

Les cadeaux sont ordinairement les préliminaires d'un mariage: ceux que le jeune homme fait à sa future s'appellent *la corbeille de mariage* : ils consistent en différens objets de toilette et parure en diamans, etc. Quelques personnes se contentent de mettre au fond du meuble élégant qui

---

(1) Ces lettres sont ordinairement doubles, parce que l'invitation doit paraître être faite par les parens des deux futurs.

remplace maintenant la classique corbeille, une bourse contenant en or la somme destinée à l'achat de ces objets : la demoiselle l'emploie alors comme elle le juge à propos. Le marié doit encore un cadeau à chacun des frères et sœurs de la future.

La mariée, de son côté, en doit un à sa demoiselle d'honneur : c'est souvent une robe ou toute autre parure qu'elle offre, et elle reçoit en échange, de la part de celle-ci, la ceinture, les gants et le bouquet de fleurs d'oranger. Puisque nous avons parlé des cadeaux de noce, nous dirons qu'à Paris la mariée doit en recevoir de ses sœurs et cousines, et qu'en province au contraire elle doit leur en offrir.

Passons au cérémonial : après la célébration de l'acte civil, qui peut cependant précéder de quelques jours, les mariés, suivis de leurs parens, se rendent ordinairement à l'église dans les voitures qui les ont conduits à la mairie; car, à Paris, quels que soient leur état, leur fortune, les mariés ne vont jamais à pied. La mariée est dans une voiture avec ses parens et sa demoiselle d'honneur. Le marié est dans une autre avec ses père et mère ou ses plus proches parens.

Les connaissances des deux époux se rendent à l'église à l'heure indiquée ; celles du marié se placent à droite, celles de la mariée à gauche, sur des chaises préparées à l'avance, et qui ont dû être payées avec la messe de mariage. Le cortége des noces s'avance alors dans l'ordre suivant : la mariée donne la main à son père ou à celui qui lui en tient lieu ; vient ensuite le marié avec sa mère ou la dame qui la représente, puis les membres des deux familles viennent deux à deux.

Quand les mariés et leurs parens approchent de l'autel, chacun les salue en silence ; les parens se placent dans le même ordre que les connaissances, et devant celles-ci, sur les premiers rangs que l'on a dû leur réserver. Les mariés sont placés au milieu. Quoiqu'il soit de la politesse de présenter toujours la main droite à la dame que l'on conduit, ou de lui donner la droite quand on est auprès d'elle, cependant le marié se place à la droite de la mariée, parce que, dans cet acte, qui est tout à la fois religieux et civil, l'homme doit conserver la prérogative que la loi divine, la loi humaine lui ont attribuée ; le marié devant d'ailleurs passer l'anneau nuptial dans le doigt de la mariée, il lui est plus commode de le faire à la droite que s'il était placé à la gauche.

Lorsque le prêtre fait les questions sacramentelles aux époux, l'un et l'autre doivent consulter leurs parens par un signe de tête respectueux, avant de répondre le *oui* décisif.

On fait tenir le poêle au-dessus de la tête des époux par deux enfans dont on veut honorer les parens. L'emploi de la demoiselle d'honneur, qui a dû présider à la toilette de la mariée, est de désigner les places à la messe de mariage, et d'y quêter pour l'église ; enfin de suppléer au bal à l'inaction forcée de la mariée : c'est ordinairement une de ses sœurs ou sa plus intime amie qu'elle choisit.

Le jeune homme d'honneur, car il doit aussi y en avoir un ou même plusieurs, observe bien, d'après la liste des invités à la messe, quelles sont les personnes qui sont absentes, parce qu'il est d'usage que les mariés ne fassent point de visite de noce lorsqu'on a commis cette impolitesse.

Le marié doit accorder de nombreuses gratifications aux gens d'église, aux pauvres, etc.

Après la bénédiction nuptiale, les époux en s'en retournant saluent de nouveau l'assemblée, puis ils reçoivent les complimens de chacun. Il y a des familles bourgeoises où la mariée est embrassée par tous les gens de la noce; dans les classes supérieures, elle embrasse seulement son père, sa mère et ses nouveaux parens, encore n'est-ce que dans la sacristie.

Le nouvel époux a donné la main à son épouse en revenant de l'église, néanmoins à dîner il doit être placé entre sa mère et sa belle-mère, tandis que la mariée se trouve entre son père et son beau-père. Cependant, s'il y a un souper, on les place auprès l'un de l'autre.

La nouvelle mariée ne doit se mêler en rien de faire les honneurs : son rôle est passif. Chacun la prévient, l'entoure, lui rend hommage : elle doit se borner à répondre avec une douce modestie et une gracieuse dignité.

Il est d'une haute inconvenance, d'une intolérable grossièreté, de faire à la mariée de scabreuses plaisanteries sur son changement d'état. Les gens bien élevés ne se permettent à cet égard que des allusions légères et délicates.

La nouvelle épouse doit être mise en blanc pendant tout le jour de son mariage.

Il est de bon ton que tout soit blanc dans sa parure, bijoux, éventail, schal, livre d'heures; même en hiver, fourures et manteau. L'usage adopté par quelques provinces de remplacer au dîner la parure blanche du matin par une toilette de couleur, ne doit pas être suivi, et déjà les gens distingués l'abandonnent. Il en est tout autrement si la mariée est une dame veuve.

La mariée ouvre le bal avec la personne la plus honorable de l'assemblée; elle se retire mystérieusement, accompagnée de sa mère et d'une ou plusieurs proches parentes que l'on veut honorer. Les gens de la noce ne doivent pas sembler s'en apercevoir.

Les invités doivent offrir aux mariés et à leur famille, soit un repas, soit un bal, et souvent les deux. C'est une véritable fête, où il est de bon ton d'être fastueux. On la nomme *retour de noce*. Tous les honneurs y sont pour les mariés.

Les nouveaux époux rendent les visites de noce dans la quinzaine, en voiture et en grande toilette. Ils doivent être seuls. Ils donnent des cartes aux personnes avec lesquelles ils ne veulent point avoir de relations.

Les plus proches parens, puis les amis s'acquittent graduellement de ce devoir.

Tels sont les usages reçus dans la capitale. En province, on conserve encore beaucoup de coutumes surannées et communes, comme le don d'un jabot de dentelle au futur par sa future ; les *livrées* ou jarretières de la mariée, rubans de deux couleurs dont on décore les jeunes gens de la noce, etc.

§ II.
Du Baptême.

Il faut inviter plusieurs mois à l'avance les parain et marraine de l'enfant à nommer. Si les liens du sang vous ont donné droit à ce titre onéreux, on ne saurait s'en dispenser. Dans le cas contraire, on peut chercher un prétexte spécieux d'excuse.

Lorsqu'on a consenti à tenir un enfant sur les fonts de baptême, il faut faire les choses convenablement, selon son état et celui des parens.

On doit un cadeau à l'accouchée, et ce cadeau consiste ordinairement en sucreries. On en doit un à la commère, c'est-à-dire des gants blancs et des dragées; si c'est une jeune personne, on lui donne de plus un bouquet de fleurs blanches. Si le compère veut lui faire sa cour, il peut ajouter à cet envoi le don d'un objet élégant et gracieux, comme un éventail, mais il est parfois de bon ton alors que la marraine lui envoie en échange quelques présens de luxe et de goût. Elle doit aussi donner à l'enfant le bonnet et souvent la robe de baptême. C'est à elle aussi qu'il appartient de lui faire porter sa première robe.

La garde et la nourrice ont droit aussi à quelque cadeau.

A l'église, le curé, le bedeau, le suisse et les pauvres doivent recevoir chacun une gratification proportionnée à leur état. On met simplement une pièce dans la main de ces personnages inférieurs; quant au curé, on lui présente une ou plusieurs boîtes de dragées, dans une desquelles on renferme des pièces d'or ou d'argent.

Les personnes des classes très supérieures, afin d'éviter de telles dépenses à leurs amis, font quelquefois tenir sur les fonts de baptême leurs nouveaux-nés par leurs gens. Cet usage est on ne peut plus inconvenant; il semble considérer cette sainte consécration comme une cérémonie assujettissante, et détruit dans leur source les sentimens de respect, d'affection, qu'un filleul doit porter à ceux qui l'ont adopté devant Dieu.

Quoi qu'il en soit, à l'heure indiquée pour la cérémonie, on se rend à l'église dans une voiture aux frais du parrain. Celui-ci et la marraine passent les premiers; vient l'enfant porté par sa nourrice ou par la sage-femme; puis le père, qu'accompagnent les autres personnes invitées à la cérémonie.

Dans beaucoup de maisons il est d'usage de donner, au retour du baptême, un grand repas, dont le parrain et la marraine recueillent tout l'honneur. Partout ceux-ci doivent donner à leur filleul des étrennes tant qu'il est enfant, et des marques d'affection pendant toute la vie.

On fait part de l'accouchement d'une dame par une lettre imprimée, à laquelle il faut répondre par une visite que l'accouchée rend après ses relevailles. On envoie d'ailleurs demander des nouvelles de la jeune mère, jusqu'à son rétablissement.

CHAPITRE II.

DES DEVOIRS DE BIENSÉANCE ENVERS LE MALHEUR.

Règle de toutes nos relations, la bienséance ne pouvait rester étrangère à celles du malheur ; elle, qui s'empare de l'expression de tous nos sentimens, ne pouvait oublier celle de la pitié. C'est là surtout qu'elle est touchante, qu'elle est presque religieuse, puisqu'elle contribue encore à resserrer ce premier, ce puissant lien de l'humanité.

§ Ier.

Des Maladies, des Infirmités, des Revers.

Lorsque quelqu'un de votre connaissance est malade, vous devez régulièrement envoyer savoir de ses nouvelles par un domestique ; tous les jours ou tous les deux jours, suivant la force et la nature de la maladie. S'il y avait un danger pressant, il faudrait même envoyer deux fois par jour. De tems en tems vous le chargerez de s'informer si le malade peut recevoir ; parce qu'alors vous iriez lui témoigner en personne tout votre intérêt. Vous continuerez de faire prendre des informations sur sa santé jusqu'à la convalescence ou la mort.

Les visites que l'on fait aux malades doivent être extrêmement courtes, silencieuses et timides. On ne leur adresse que quelques mots d'intérêt à voix basse, puis on entretient doucement la personne de leur famille qui leur donne des soins. On lui parle du malade, on demande quel est le médecin, le traitement ; on fait valoir tous les motifs de consolation et d'espérance ; à peine devez-vous répondre aux questions que la personne garde-malade vous fait sur votre santé, sur vos affaires, et vous vous retirez en renouvelant les témoignages de votre intérêt. Quand la personne est convalescente, ou seulement indisposée, c'est à elle que vous adressez mille questions sur ses souffrances; vous la plaignez, vous louez sa patience, et vous lui présentez la douce image de ce qu'elle va faire en revenant à la santé. Vous vous gardez bien de dire que vous trouvez ses traits profondément altérés, que sa guérison peut être lente, etc. Ces vérités là sont de toute raison très mauvaises à dire, et vous feraient passer pour avoir un cœur insensible ou plutôt un esprit borné.

Lorsque les souffrances et les incommodités prennent un caractère de durée, qu'elles résistent à tous les efforts de l'art, ce sont alors des infirmités, et le silence le plus absolu est de rigueur à cet égard. Non seulement vous ne devez jamais parler à un infirme de son malheur, mais encore vous devez éviter soigneusement de lui faire mention de ceux qui le partagent, de le lui rappeler même indirectement. La seule occasion où cela vous est permis, c'est lorsqu'il s'agit de lui faire sentir que les avantages dont il est privé ne sont point tellement assurés en vous, que vous n'éprouviez quelque incommodité analogue. Ainsi, à quelqu'un de boiteux, dites que vous vous êtes fatigué à marcher, que vos jambes ne sont pas bonnes, etc.

Si cette infirmité n'est pas trop visible, et que le pauvre infirme vous en parle, assurez hardiment que vous ne vous en étiez pas aperçu. S'il se plaint, offrez-lui des motifs de consolation, et gardez-vous de changer de discours avant qu'il le fasse, car vous pourriez lui faire croire que vous êtes importuné de son malheur. Au reste, faites tout ce qu'il est en vous pour l'adoucir. S'il s'agit d'une cécité incomplète, approchez de lui les objets, mais sans affectation, sans avoir l'air de croire qu'il ait besoin de votre secours, et ne souffrez aucun remercîment. S'il s'agit de surdité, ne criez pas outre mesure; ramenez l'infortuné à l'entretien par d'habiles, de délicales transitions, sans lui dire brusquement: On *parle de ceci*. C'est bien de la peine, dira-t-on peut-être. De la peine pour consoler! Eh! vous en prenez plus pour plaire!

Les gens déchus qui, dans le malheur, conservent encore (du moins dans la société) les habitudes de l'opulence, ces gens-là n'exigent guère moins de ménagemens. S'ils vous invitent à leurs modestes repas, s'ils vous offrent quelques présens, que la crainte de leur occasioner de la dépense ne vous porte pas à les refuser avec chaleur, avec opiniâtreté; vous les blesseriez profondément. Acceptez, et cherchez le moyen de leur rendre avec usure, avec délicatesse, leurs témoignages d'honnêteté. Ne leur parlez jamais le premier de leur fâcheuse situation; mais, s'ils vous mettent sur la voie, accueillez leur confidence avec une attention respectueuse et tendre. Montrez combien vous êtes pénétré de ce que l'on doit au malheur, et, sans oublier la discrétion, tâchez de leur rendre, en apparence au moins, confidences pour confidences.

§ II.

Des Enterremens et du Deuil.

Dès qu'on a perdu quelqu'un de sa famille, il faut en faire part à toutes les personnes qui ont eu des relations d'affaires ou d'amitié avec le défunt. La lettre de *part* contient d'ordinaire l'invitation d'assister au service et au convoi.

Les parens, les amis intimes seraient justement blessés d'être avertis de cette manière. Ils doivent l'être tout de suite et particulièrement.

Sur cette invitation, on doit se rendre à la maison du défunt, et de là suivre à pied et nu-tête le char funèbre jusqu'à l'église. On est libre de ne pas accompagner le char jusqu'au cimetière, à moins que le défunt ne soit un parent, un ami, ou un supérieur immédiat. Si l'on suit le char jusqu'au cimetière, il faut céder les premières voitures aux parens ou aux amis les plus intimes du défunt. On doit marcher la tête découverte, en silence, avec un maintien triste et recueilli. Les parens doivent, par bienséance, ne pas trop se livrer à leur douleur. Vous devez une visite aux personnes qui vous ont invité, si vous n'avez pu vous rendre à leur invitation. Vous êtes-vous rendu à la cérémonie, ce sont elles alors qui vous doivent une visite.

Dans un enterrement ou un service, les membres de la famille ont de droit les premières places; ils sont le plus près du cercueil, soit pendant le cortège, soit à l'église. Les plus proches parens sont en *pleureuses*, c'est-à-dire en très grand deuil, avec manteau noir, et bordure blanche sur les manches. Il n'est pas d'usage à Paris que les femmes suivent le convoi; et, dans nul endroit, elles ne vont jusqu'au cimetière, à moins qu'elles ne soient de très basse classe. Un veuf, une veuve, des père et mère n'assistent pas à l'enterrement, au service de ceux qu'ils ont perdus. Les premiers sont censés ne pouvoir supporter ces cruelles cérémonies; les seconds ne doivent pas donner cette marque de déférence.

Outre les lettres *de mort*, qui convoquent aux funérailles les amis habitant la ville, il y a d'autres lettres de part que l'on expédie au loin à toutes les connaissances du défunt. Celles-ci, lorsqu'elles sont un peu intimes, doivent répondre une courte lettre de condoléance à l'un des plus proches parens.

Les devoirs relatifs au deuil s'étendent encore au service funèbre que les familles font célébrer pour ceux qu'elles ont perdus. Il y a pour l'ordinaire le *service de quarantaine*, le *service du bout de l'an*. On y est invité par billet : il faut y assister en deuil; y porter des vêtemens de couleur est une véritable indécence. On y va à l'offrande après les parens, auxquels on fait après l'office une visite par carte, car ordinairement, on n'est pas reçu.

Il y a deux sortes de deuil: les grands deuils et les deuils ordinaires. Les grands deuils se portent pour père, mère, grand-père, grand'mère, mari, femme, frère et sœur. Ils se partagent en trois tems. Dans les six premières semaines on ne porte que de la laine; dans les six semaines suivantes on porte de la soie, et dans les trois derniers mois on mêle le blanc au noir.

Les deuils ordinaires sont pour les oncles et tantes, cousins germains et cousins issus de germains. Les quinze premiers jours on porte la soie noire, et les huit derniers, le petit deuil, c'est-à-dire le blanc mêlé au noir.

L'usage veut qu'une femme porte le deuil de son mari un an et six semaines, tandis que celui d'un homme veuf n'est que de six mois. Cette différence, qui peut paraître singulière, est fondée sur des raisons de convenance et de sociabilité.

Dans les trois premiers mois de deuil pour un mari, la femme ne porte que des vêtemens de laine; les six premières semaines, sa coiffure et son fichu sont de crêpe noir ou de gaze de laine; dans les six semaines suivantes ils sont de crêpe blanc ou fichus de lingère. Les six mois suivans, elle est en soie noire; en hiver, gros de Naples; en été, taffetas. La coiffure est en crêpe blanc. Les trois derniers mois, elle est en noir et blanc, et les six dernières semaines en blanc uni.

Le deuil pour une femme est de porter l'habit de drap sans boutons, les souliers bronzés, les bas de laine, l'épée garnie de crêpe pour ceux qui ont droit de la porter. Au bout de six semaines, on porte l'habit de drap noir avec boutons, bas de soie noirs, ruban noir à l'épée. Le petit deuil des trois derniers mois est l'habit noir, bas de soie blancs, nœud d'épée noir et blanc; en tout tems, le chapeau est garni d'un large crêpe.

Il est tout-à-fait contre les convenances de choisir soi-même chez les marchands les étoffes de son deuil, de le faire travailler soi-même; et même, pendant au moins quinze jours, quelquefois pendant les six premières semaines, les dames ne peuvent travailler à l'aiguille, même en recevant leurs parens et amis intimes, tant elles sont censées être accablées de douleur.

Pendant les quarante jours on ne quitte la maison que pour aller à l'église: il serait on ne peut plus inconvenant de faire des visites, de dîner en ville, de se rendre à quelque réunion pendant ce tems de premier deuil. Lorsqu'il est expiré, on fait ses visites de deuil, et l'on sort un peu plus; mais on ne peut encore aller dans les promenades fréquentées, au spectacle, au bal; on ne peut chanter, même dans l'intérieur de sa famille. Si l'on reçoit, c'est par circonstance, sans apprêts, sans faste, seulement quelques amis. C'est uniquement à l'époque du petit deuil que l'on reprend peu à peu ses habitudes.

Au moins pendant dix jours après la mort d'un très proche parent, il serait fort répréhensible que les gens dont la profession rappelle des idées de plaisir, comme les musiciens, les maîtres de danse, se livrassent à l'exercice de leur état.

Tout le tems que l'on est en deuil, on fait usage de cire et de cachets noirs; de papier à lettres et de cartes de visite à bordure noire.

Si l'on ne va pas à l'enterrement on ne prend le deuil qu'après qu'il a eu lieu.

Pendant le grand deuil, on ne doit porter ni cheveux bouclés ni parfums. Assister à un enterrement, même le regarder passer, sont interdits à cette époque. Un service funèbre, autre que celui de la personne que l'on pleure, est également défendu. Ce tems-là excepté, il est impoli de ne point se rendre aux services funèbres des parens de ses connaissances: mais il vaut mieux le faire que de s'y présenter sans être en deuil.

Lorsqu'on épouse une personne en deuil, on le prend le lendemain de son mariage ; le tems précédemment écoulé se compte comme si le deuil eût été porté. Au contraire, si l'on se remarie à l'instant où la mort d'un parent par alliance vous donne cette triste parure, on la quitte aussitôt, parce que cette nouvelle union annulle l'alliance précédente.

Les visites que l'on rend aux gens en deuil se nomment visites de condoléance. En les abordant, on garde le silence, on ne s'informe point de leurs nouvelles, ce qui serait déplacé. Un homme leur serre la main, une dame les embrasse, même quand ils auraient peu de relations étroites avec eux. On s'abstient de parler de choses gaies ou trop personnelles.

Si l'on est éloigné, on témoigne par une lettre de condoléance toute la part que l'on prend au malheur qui vient de frapper les personnes dans l'affliction. Leur douleur ne les dispense pas de répondre, mais seulement après un certain tems.

Nous terminons par ce triste sujet, ce Traité de la politesse, en espérant que, parvenus à ce point, nos lecteurs se diront : « Oui, sans nul doute, l'ouvrage est méthodique et complet » : nous n'osons nous flatter d'obtenir davantage ; mais c'est assez, car c'est avoir la certitude de l'utilité de notre travail.

Nous croyons donc avoir rendu un service essentiel à la jeunesse en lui faisant connaître ces lois, qui sont devenues si nécessaires; en effet, la politesse dont nous pouvons aujourd'hui nous énorgueillir, est une vertu à laquelle nous ne devons jamais renoncer, puisqu'elle a donné au commerce de la vie cette douceur et cette élégance, ce charme et cette dignité qui ne peuvent bien être sentis que par ceux qui en jouissent.

Et comme l'a fort bien dit la spirituelle

Mme Lambert: « La politesse est un désir de plaire aux personnes avec qui on est obligé de vivre, et de faire en sorte que tout le monde soit content de nous; nos supérieurs, de nos respects; nos égaux, de notre estime; et nos inférieurs, de notre bonté. »

C'est à vous, jeunes gens, que nous faisons un appel au nom de votre patrie; dans votre intérêt propre: efforcez-vous de nourrir dans l'esprit des nations, par votre politesse, vos égards, votre bienséance, cette haute idée qu'elles ont conçue de nos mœurs. L'étranger pourra rapporter dans ses foyers des sentimens d'estime pour les peuples chez lesquels il aura vécu. Mais, comme nous l'avons dit en commençant, il restera toujours enchanté des manières pleines d'affabilité et de grâces qu'il n'a trouvées que chez les Français.

FIN.

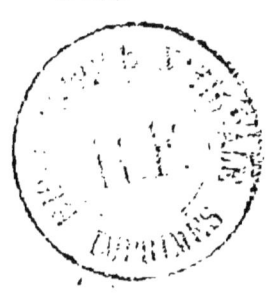

TABLE
DES MATIÈRES.

PREMIÈRE PARTIE.

INTRODUCTION.

DE LA BIENSÉANCE ET DE SES AVANTAGES.... page 1

CHAPITRE PREMIER.

De la Bienséance relative aux devoirs de religion. 7
§ Ier. Du Respect dans les temples. . *ibid.*
§ II. Des Convenances religieuses dans le monde. 13

CHAPITRE II.

De la Bienséance relative aux devoirs de famille. 17

CHAPITRE III.

Des Devoirs de bienséance conjugale et domestique. 21

CHAPITRE IV.

De la Bienséance envers soi-même. . 31
§ I. De la Toilette. 32
§ II. De la Réputation. 44

CHAPITRE V.

De la Bienséance relative aux devoirs d'état. 57
§ I. Politesse des marchands et des acheteurs. 58
§ II. Politesse des gens de bureau et du public. 66
§ III. Politesse des hommes de loi et de leurs clients. 67
§ IV. Politesse des médecins et de leurs malades. 68
§ V. Politesse des artistes et auteurs; égards qui leur sont dus. 71

§ VI. Politesse des militaires. . . . 78
§ VII. Politesse des ecclésiastiques et religieuses; égards qui leur sont dus. 79

DEUXIÈME PARTIE.

DE LA BIENSÉANCE RELATIVEMENT AUX RELATIONS SOCIALES.

CHAPITRE PREMIER.

De la Bienséance dans les rues. . . . 82

CHAPITRE II.

Des diverses sortes de visites. 93

CHAPITRE III.

De la manière de recevoir. 118

CHAPITRE IV.

Du Maintien. 128

CHAPITRE V.

Des Bienséances matérielles de la conversation. 136

§ Ier Soins physiques de la conversation. 136
§ II. Des Gestes. 139
§ III. De l'Art d'écouter. 141
§ IV. De la Prononciation. 148
§ V. De la Correction du discours. . 152

CHAPITRE VI.

Des Bienséances morales de la conversation. 157
§ I. Des Banalités des usages reçus. 158
§ II. Des Questions, des termes parasites. 170
§ III. Des Narrations, de l'analyse et des digressions. 172
§ IV. Des Suppositions et des comparaisons. 181
§ V. Des Discussions et des citations. 183
§ VI. Des Plaisanteries, des proverbes, des calembourgs et des bons mots. 186
§ VII. Des Eloges, des plaintes, des inconvenances et des préjugés. . . 191

CHAPITRE VII.

De la bienséance épistolaire. 197
§ I. Des Convenances épistolaires. . 198
§ II. De la forme intérieure et extérieure des lettres 207

CHAPITRE VIII.

Parties accessoires des relations sociales. 224
§ I. De l'Obligeance. . . . . *ibid.*
§ II. Des Cadeaux. 230
§ III. Des Conseils. 235
§ IV. De la Discrétion. 236

CHAPITRE IX.

Des voyages. 241

TROISIÈME PARTIE.

DEVOIRS DE BIENSÉANCE RELATIFS AUX PLAISIRS.

CHAPITRE PREMIER.

Des repas. 246

CHAPITRE II.

Des Promenades, des assemblées et des jeux. 266
§ I. Des Promenades. 267
§ II. Des Assemblées et des jeux. . . 272
§ III. Petits jeux de Société. 281

CHAPITRE III.

Des Bals, des concerts et des spectacles. 284
§ I. Des Bals. , ... *ibid.*
§ II. Des Concerts. 300
§ III. Des Spectacles. 301
§ IV. Des Musées et cafés, etc. . . 305

CHAPITRE IV.

Des Devoirs de l'hospitalité. 309

QUATRIÈME PARTIE.

DES DEVOIRS DE BIENSÉANCE RELATIFS AUX CIRCONSTANCES.

CHAPITRE PREMIER.

Du Mariage, du Baptême. 313

§ I. Du Mariage. 313
§ II. Du Baptême. 323

CHAPITRE II.

Des Devoirs de bienséance envers le malheur. 327
§ I. Des Maladies, des Infirmités, des Revers. . . . . *ibid.*
§ II. Des Enterremens et du Deuil. . 332

FIN DE LA TABLE.

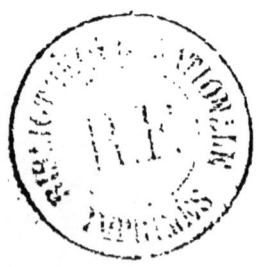

TOUL, IMPRIMERIE DE Vᵉ BASTIEN.

www.ingramcontent.com/pod-product-compliance
Lightning Source LLC
Chambersburg PA
CBHW050154230526
45470CB00001B/93